打

爆

打爆品牌

Make Your Brand Hot

赵军————著

品

牌

中国致公出版社 · 北京

图书在版编目（CIP）数据

打爆品牌 / 赵军著． -- 北京：中国致公出版社，
2025. 1. -- ISBN 978-7-5145-2292-1

Ⅰ．F713.3

中国国家版本馆 CIP 数据核字第 2024V7V274 号

打爆品牌/赵军　著
DABAO PINPAI

出　　版	中国致公出版社	
	（北京市朝阳区八里庄西里 100 号住邦 2000 大厦 1 号楼西区 21 层）	
发　　行	中国致公出版社（010-66121708）	
责 任 编 辑	方　莹　许子楷	
责 任 校 对	魏志军	
封 面 设 计	胡椒书衣	
印　　刷	三河市九洲财鑫印刷有限公司	
版　　次	2025 年 1 月第 1 版	
印　　次	2025 年 1 月第 1 次印刷	
开　　本	710mm×1000mm　　1/16	
印　　张	14	
字　　数	190 千字	
书　　号	ISBN 978-7-5145-2292-1	
定　　价	56.00 元	

人生一世从立心立命开始，"为天地立心，为生民立命，为往圣继绝学，为万世开太平"（北宋·张载）。通过认知天地之规律来立人心，从人心到天心，如太阳利而无害，为而不争，引领人类走向和谐共生，成为命运共同体。继承发扬中华传统文化中的绝学，为后世太平开创万世基业。

"治大国若烹小鲜"，做企业也如做人，一个企业是一个企业家精神与意愿的呈现，而品牌则是这个企业立足市场的唯一符号，如原始社会的部落图腾，不仅承载企业组织的共同价值理念，还包含了品牌价值主张与对应产品的社会功能。

天地之间存在着一种普遍观念，春生、夏长、秋收、冬藏，隐藏在背后的是"生、长、肃、灭"的规律，人的一生有"生、老、病、死"的规律，佛学文化中有"成、住、坏、空"，易经中有"元、亨、利、贞"，阴阳二气的运变法则有"升、降、沉、浮"，产品的生命周期有"导入期、成长期、成熟期、衰退期"。传统的企业会通过不断地创新（技术升级，产品升级），不断地优化市场营销术去获得利益，但是如果一个企业有了自己的品牌，随着时间的积累，会产生品牌复利效应。产品可以无穷无尽，品牌却似"道"一般的存在。人的生老病死是客观规律，但是人创造的经典则千年留存，如《道德经》《论语》等。

企业如果拥有了品牌，就能跳出产品生命周期的客观限制，长存于客户心中。

处于信息飞速传播的时代，任何企业的产品与服务想要立足市场并长期发展，都需要品牌与品牌建设。品牌是企业的立身之本，随着企业的发展，会形成有形和无形的价值，如茅台、五粮液等。如果企业的品牌能够被消费群体从认识到记忆，再到消费，最后到生命陪伴，则这个企业将在这个时代自然成长为服务社会的大型企业，并伴随客户共同成长。所以拥有品牌并做好品牌建设已然成为诸多企业实现长远发展的必修课。

企业建设品牌需要有一个完整的过程，依次为：了解品牌概念、做好品牌产品定位、建设品牌主体、品牌客户定位、凝炼品牌文化价值、设计品牌形象、明确品牌设计标准、确定品牌设计环节、传播品牌形象、探索品牌盈利模式、进行品牌营销管理、打造品牌团队、形成品牌壁垒、加强品牌保护等环节。

本书详细地讲解了上述品牌建设的全过程，旨在明确"企业品牌如何修炼成品牌企业"，帮助企业准确地打造合适的品牌。本书还列举了几个知名品牌建设的实际案例，旨在通过"具体问题具体分析"体现不同企业打造品牌的策略与历程。产品的质量是品牌基础，品牌的价值是产品的无形力量，品牌和产品的关系好比天与地，精神与物质的关系。在生活中有很多产品一直不被人熟知，绝大部分原因在于相关企业缺乏品牌意识和品牌建设实践方法。通过阅读本书，企业家将明白如何打造品牌文化从而成长为品牌企业，企业组织成员将明白品牌文化在产品市场中"独一无二"的作用，企业客户会因对品牌文化和品牌价值主张的认同从而对品牌产生身心双向的归属感。品牌是产品在市场上的立身之本，是产品营销的关键，产品畅销离不开品牌建设与品牌文化传播的支持。

目　录

第一章　了解品牌

　　经济市场的结构不断改变，有企业被淘汰，就会有新企业涌入，对于这些新型的企业来说，有名才会有利，如何创造知名度是一个大难题。为了能够被更多的消费者知晓与认可，很多企业家都致力于打造品牌，而建设品牌的第一步是理解品牌的概念与含义。

第一节　品牌的概念

品牌是企业在行业立足的根本，想要建设品牌首先需要了解品牌的含义，有不少人将品牌与商标画等号，其实两者并不相同。区别品牌与商标是一方面，明确品牌定义也很关键，品牌象征着产品的知名度与美誉度。

一、品牌的定义

品牌是一种识别标志、一种价值理念，是品质优异的核心体现，也是一个企业立足市场的文化图腾。消费者对企业、产品与服务的认可同时在消费者心中构建品牌价值认同，当消费者产生购买欲望的时候，第一时间出现在脑海里的目标就是品牌文化的影响结果。只有当企业品牌被认可时，企业所打造的品牌才算发挥出实质作用，品牌的知名度在很大程度上决定了企业的营销力度与效果。

图 1-1

1. 品牌的字面含义

从字面上理解品牌，"品"靠大家对企业产品的体验，然后靠口口相传的口碑传递。"牌"最早是作专用标志的板状物，是用来识别、区别相似物品的媒介。比如：我们常喝的矿泉水有很多种，通过品牌来帮助客户清晰分辨与选择，这就是品牌存在的简单作用。

2. 企业品牌的含义

从企业的角度出发，品牌的含义比较丰富，包括企业的独特标识符号和它承载的价值主张，及逐步形成的客户认同与忠诚跟随。企业品牌是无形的，却是有价值的，通过建设独特的品牌，可以在消费者的视角区别于竞争对手的产品，越强劲独特的品牌越能增加竞争力，为企业创造更高的价值。

二、品牌≠商标

很多时候，大家容易将品牌与商标混淆，甚至有人会认为只要标明商标就是品牌的显现，就好比有人想成为老板，以为有了营业执照就是老板了，其实从创办公司到成长为企业家如同修行，是一个漫长的过程。

商标是有形的，体现在表面；品牌是无形的，体现出内涵。企业为自己的产品注册商标，商标就会显现在产品的表面，消费者可以在产品上看到商标，但不能保证可以记住。企业打造属于自己的品牌文化，品牌会逐渐地进入消费者的脑海，深入人心，当需要产品的时候就会想起品牌。

商标是品牌的一部分，是让消费者记住品牌的一种手段，但不完全等同于品牌。如果说商标能够被记住，那么记住商标的同时就是记住了品牌；但品牌也可以通过其他方式与途径被记住，此时商标不一定被记住。

商标是企业的外在标志，品牌具有丰富的内涵。商标是企业打在产品上的烙印，品牌则体现出企业的底蕴。没有人会为了一个商标选择一个产品，只有优质的品牌才是吸引客户的关键，消费者选择品牌，可以体现个人的品位、身份与价值观。

第二节　品牌的历史

相信品牌对于很多人来说并不陌生，仅仅就日常生活中出现的许多常见的商品而言，一旦市场上出现同类产品，厂家一般都会通过"打上"品牌来进行区分。品牌作为营销手段出现的历史不算长，但是关于品牌的概念却可以通过历史追忆。从国际的角度了解，品牌有不同的历史发展阶段；纵观我国商业史，品牌也有不同的历史发展时期。

一、品牌的历史发展阶段

品牌在商人的眼中是增加产品竞争力的重要手段之一，但是它一开始起到的作用却很简单，只不过是用来区分相同或相似产品的工具。在欧洲工业革命之后，各式各样的产品都趋向于饱和，消费者的消费需求逐渐变化，对产品的要求越来越多元化。为了满足更多消费群体的需求，促进企业的盈利增长，众多企业都致力于发明与生产出更具吸引力的产品，设置品牌就是为了让产品区别于竞争对手。随着时间的推移，品牌起到的作用愈发重要，也从一开始的区分变为竞争。尤其到了现代，品牌更是被赋予了新价值，一个产品的定价不仅受质量与功能影响，更大程度上被品牌决定与限制。

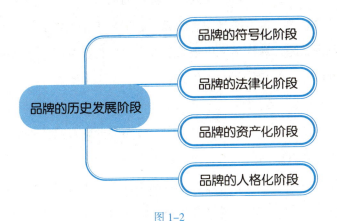

图 1-2

1.品牌的符号化阶段

起初的品牌是一种形式，如同一个符号。在古代，我国的陶器、青铜器等物品上就刻有标记，从中可以了解到的较早时期的品牌。在品牌出现的初期，不论是我国还是欧洲国家，经济发展都不是很突出，商品经济刚刚进入生意人的视野，所以商品的品牌竞争还在初始阶段，真正具有经济效益的品牌还在"来临"的路上。

2.品牌的法律化阶段

品牌是企业的所有物，被刻上品牌的产品有所归属。发展到这个阶段，品牌逐渐具有法律效应，成为知识产权的一部分，不过这时候的品牌与商标更加相近。19世纪60年代到70年代，不少国家陆续颁布了商标法，使得品牌商标得以与法律挂钩。我们知道，产品被生产出来是为了满足生活需要，此时一般是供不应求，而随着同一商品生产商、供应商数量的增加，原有消费群体变化不大的情况下，产品就会出现供大于求的现象。当市场环境内产品溢出时，为了能够取得更高的收益，诸多企业不得不寻求合适的竞争途径来吸引客户，那么品牌就被冠上了竞争的标签。有竞争就会有淘汰，看到竞争对手的品牌做大，有的企业会选择钻研自己的品牌，但不能排除有的企业会选择"盗版"品牌的手段。为了保护企业品牌，商标制度应需求而产生，使得品牌得到法律的认可与保护，同时也有利于优质品牌的发展。

3.品牌的资产化阶段

品牌的作用被不断地激发与放大，逐渐上升到商品的价值层面，成为商品的重要组成部分，为企业创造出收益后演变为资产。步入市场经济快速发展的时代，诸多著名的品牌都获得不小的收益，这对很多企业来说是很大的启发。品牌成为商品畅销的动力，说明品牌被赋予了资产的作用与功能。一个企业的品牌如果做得不够好，再优质的产品都很难进入大众的视野，也就无法实现消费市场最大化。所谓资产，是企业的拥有物，因为能够为企业带来收益而存在，将品牌视为资产是经过很长时间的开垦与实践才得以确认的做法，这个过程也在不间断地证明品牌的价值走向。到了今时今日，几乎所有人都认可品牌的价值，很多在开发与创造过程中的产品，在没有实体的情况下就已经早早地设计好了品牌，所以企业都开始重视品牌的描绘与建设。

4.品牌的人格化阶段

品牌不是华丽的呈现形式，越有价值的品牌越具有"灵性"。为了更好地设计品牌，很多人将品牌与人相结合着思考与设计，使得品牌具有形象、性格、价值观等。品牌伴随着商品而存在，商品依靠着人的需求而存在，消费者的需求越来越丰富化，当品牌与人格产生共鸣时往往更能吸引眼球。"品牌"概念产生的时刻，距今可谓是遥远，所以最初简单的交易已经不能满足消费者的需求了，他们更希望获得互动，人格化品牌的目的就是为了完成从物质到精神的转化。

直观的认知与了解商品，客户只能感觉到眼前的操作与功能，为商品建立有内涵、有营养的品牌，客户就如同见到了能够讨得欢心的朋友，一方面可以满足客户基本的需求，另一方面可以让客户收获愉悦的消费体验。在如今这个经济发展飞速的时代，品牌在日常生活中承担着越来越重要的责任与作用，所以为了遵循发展的规律与准则，很多企业都在努力探索让品牌有活力的方法与措施。

二、我国的品牌历史时期

谈及我国的品牌历史，不少企业家会认为初期我国的品牌是从国外引进的，其实作为拥有悠久历史的泱泱大国，我国的品牌意识很早就出现了，只是受太多外界因素所影响导致发展较为缓慢，但是时至今日，已经鲜有人觉得我国的品牌不成功了。品牌意识出现的初衷是为了区分物品，而其在我国真正作为一种营销手段被重视要从近40多年的发展历史来讲，具体说来，我国的品牌历史发展大致可以分为四个阶段，依次为品牌萌芽期、品牌发展期、品牌成熟期和品牌兴起期。

图 1-3

1. 品牌萌芽期

我国的品牌发展横跨20世纪与21世纪，20世纪80年代至90年代是品牌萌芽期，陆续有企业创设品牌宣发广告、制定品牌发展战略、推出品牌代表产品等，旨在利用品牌宣传商品，从而起到吸引消费者注意力的作用。比如灯塔牌肥皂、海鸥牌相机、凤凰自行车等，这些品牌对于很多年轻人来说可能比较陌生，但是也有不少人可以从长辈的库房里搜寻出这些商品。在萌芽期，我国表面上出现了很多新企业与商人，其实他们大部分是在原有基础上建设了品牌，给人一种新兴企业的感觉，这无疑是一种新颖的营销策略，并且效果也很是明显。

2. 品牌发展期

单单懂得创建品牌是不够的，在品牌发展期，如何保护自己的品牌也成为众多企业迫切需要解决的问题。20世纪90年代至21世纪初期，我国的品牌进入发展时期。企业重视品牌权益的同时，国家也意识到品牌对企业发展的重要性，同时也开始着手保护企业的品牌。在这期间，我国颁布《中华人民共和国商标法》《广告法》等法律。与此同时，我国也有企业成立品牌保护组织，这些做法一方面可以保证国内市场的良性竞争，另一方面也保护了国内诸多经历过艰辛后逐渐成形的品牌，对国家的经济发展产生了促进作用。当时风靡一时的VCD几乎是每个家庭期望购买的产品，而爱多VCD便是在这一时期通过不断的发展而出现在大众视野的一个知名品牌。

3. 品牌成熟期

进入21世纪，国内市场的发展愈发快速，品牌的新旧更迭更是明显，消费者今天可以记住一个品牌，明天可能就会被另一个品牌的相同产品所吸引。企业品牌发展竞争强度的增加，也预示着我国品牌发展进入了成熟期。处于品牌成熟期，我国的企业不再依靠从国外学习理念与技巧，而是开始根据企业实际情况摸索独特的品牌发展战略。这一时期，国人的消费水平提高，对产品的需求更加精细化，越来越多的品牌不断地涌现。脍炙人口的广告语"今年过节不收礼，收礼只收脑白金"就是这个阶段的产物。此外，淘宝便是应品牌发展需求而产生的交易平台。

4.品牌兴起期

2010年至2020年之间，我国的品牌可以说是到达了兴起时期，很多积攒力量的品牌迸发出实力，也有不少强有力的新品牌出现。实力强劲的品牌展开了长期的竞争拉锯战，为了能够吸引客源、稳固客户，各大品牌都在努力提高产品的质量、扩充产品的数量。就新品牌而言，90后、00后作为两个消费水平很高的群体，其中有大部分人始终对新品牌有很高的接受能力，只要品牌下的产品足够优质，就一定会有人买单。小米、魅族等电子产品品牌就是在这个时期兴起的，毋庸置疑受到了广大消费者的追捧，成为有实力、有销量的大品牌。品牌的兴起足以创造巨大的财富，常常出现在消费者嘴里的"农夫山泉有点甜"，可能一次只是让消费者拿出几块钱的零钱，但是这样一个发展成功的品牌，其创设人早已一跃成为中国首富。当然，兴起阶段后一定不是我国品牌发展的终点，现阶段我国的品牌还处于一个发展动力十足的状态，后续的发展仍然值得期待。

第三节　品牌的阶段

品牌的诞生与发展都是顺势而为，因为当时的社会发展情况、市场发展节奏而发生。品牌从出现到爆火是一个发展过程，同时这个过程也对应着企业建立品牌的阶段，每一个品牌的成功都要经历诸多的困难，品牌发展到每个阶段都有相应的任务。企业品牌的发展程度可以分为四个阶段，依次为品牌作为标签、品牌追求知名度、品牌需要特色和品牌重视用户体验。处于不同的发展阶段，企业需要做的事情有所不同，但推动品牌的长久发展一定是最终要实现的共同目标。

品牌的阶段

01 品牌作为标签

02 品牌追求知名度

03 品牌需要特色

04 品牌重视用户体验

图 1-4

一、品牌作为标签

现如今，很多人喜欢"牌子货"，因为这样可以彰显自己的品位与气度，所以一提起"品牌"，大家都觉得十分有档次，品牌在无形之中遍布于生活的方方面面。对于很多成立初期的企业而言，建立品牌可能只是贴上一个简单的标签，将自己与其他经营同类业务的企业区分开来。把品牌作为标签来看待，建立品牌通常比较草率，就如同使用很多笔记本来记笔记，为了更好地找对科目，会根据笔记内容张贴科目标签一样，这样可以更快地做出区分。

二、品牌追求知名度

当一个企业的品牌建立一段时间后，原来的区分目的已经达到，这时候企业就会有更多的期望与需求，希望能够有更多的消费者加深对品牌的记忆，这就是追求品牌的知名度。没有名气的品牌就如同飘落溪流的树叶，如果没有引人注意而被打捞，就会随着水流慢慢沉寂，最终沉入水底，成为塘泥的一部分。品牌在追求知名度的过程中，会遇到之前不曾经历过的困难，因为努力提高的企业很多，最终取得效果的却少之又少，所以竞争强度是很大的。

三、品牌需要特色

当品牌的知名度上升到一定高度，如果不能做出实质性的行为，之前积攒的知名度只会成为一种噱头，固然可以吸引很多客户，但是维持稳固的客源却很艰难。品牌想要让客户慕名而来，就需要保证让这些客户满意而归，给对方一个坚定选择自己的理由，而不是让客户觉得选择任何品牌都一样。能够吸引客户的包括多个品牌的共性，但不能局限于共同特征与功能，要有特色来区别于其他竞争者。

手机已经成为人手一部的必备工具，但是不同的消费者会选择不同的品牌手机，因为个人需求不同，可以选择的品牌也就不同。有的手机品牌强调像素高，能够吸引很多拍照爱好者；有的手机品牌旨在提高灵敏度与帧率，是很多游戏爱好者的不二选择；有的手机品牌屏幕很大，可谓是追剧人的福音……

品牌需要特色，也就是品牌差异化的体现，越是优质的品牌越明白"突出点"的重要性。直至今日，还未曾见识过一个全面兼顾的品牌。由此可见，重点发展长处才是明智之举。一个核心特点的兴起与发展，可以带动其他方面发展，而突出的特点也会成为品牌不可或缺的一部分。

四、品牌重视用户体验

处于品牌溢出的时代，有特色不一定足够"迷人"，因为有太多标新立异的品牌出现，消费者会从一开始的新奇逐步转化为漠然，那么提高客户体验便成为下一个需要攻克的难关。信息的快速传播促进了品牌的发展，同时也提高了品牌做大做强的难度，要想让客户记忆犹新，就需要让消费者记住品牌的产品与服务，更需要让消费者有美好的消费体验。极致的服务、高端的功能都可以提高用户体验，从而为品牌积攒良好的口碑，我们可以认为，与其说品牌由企业建立，不如说是由客户认可而来。

例如，很多企业会宣传历史文化、民族文化、东方文化等，这是因为有越来越多的消费者看重品牌的文化底蕴，这样做可以让客户有很好的消费体验。

很多行业与"二八定律"有不解之缘，它是指通常只有20%的企业能够存活下去。在品牌竞争的过程中，能够存活下来的企业一定很重视消费者的体验。品牌的成功之旅离不开消费者的支持，所以客户的体验理应被放在重要的位置，成为品牌发展急需解决的问题。

第四节　品牌文化与主张

打造品牌文化是指为品牌建构丰富的有内涵的文化，使它具有突出的特色，旨在通过多种传播形式来宣传品牌，从而达到吸引客户并稳固客源的目的。品牌的影响力主要依靠品牌的文化内涵，一个品牌不断尝试、不断成长的过程也是文化逐渐丰满的过程，所以品牌文化的成形就说明品牌进入了稳定的发展时期。提倡加强品牌的文化与主张，是为了明确产品的品牌主题，凝聚企业的文化精华与发展特色，这对消费者来说具有足够的吸引力。

提及品牌文化，总能想起一个知名度很高的品牌——五粮液。该品牌被称为中国白酒行业第一品牌，把品牌做大做强需要产品质量，也离不开禁得起品味与考验的品牌文化。

五粮液品牌的文化可以追溯到定名时期，之所以取名为五粮液，是因为品牌的白酒由五种谷物酿造，经过百年的传承才发展成如今的知名品牌。由此可见，品牌的名称与品牌的文化息息相关，消费者可以通过品牌名称联想到品牌文化的深厚底蕴。

"诚实、创新、团结、奉献"是五粮液集团的核心价值观，更是品牌文化的价值导向。企业的基石是诚实，不讲诚信会无法立足；企业的灵魂是创新，没有创新会缺乏活力；企业的力量是团结，失去团结会没有动力；企业的责任是奉献，不愿奉献会失去本心。多年来，五粮液品牌所有的行为都严格贯彻企业的核心价值观，砥砺前行才成为国民深度认可的优良品牌。

无论是日常的生产过程中，还是面对客户进行服务时，五粮液品牌一直坚持"品质第一，客户至上"的理念，品牌文化重视与客户之间的沟通与尊重，有力地维系了消费者对品牌的忠诚度。

五粮液是一个重视品牌文化建设的企业，这样的企业有很多，它们的共同特点就是重视文化，不仅仅是宣传文化，还要拥有真正的文化内涵。如何找到品牌文化的灵魂、如何塑造品牌文化的内涵、如何构图品牌文化的标志是诸多企业在探索品牌文化过程中需要优先解决的问题。

一、如何找到品牌文化的灵魂

想要明确企业的文化特色，首要任务是找到品牌文化的灵魂所在，凝聚着企业灵魂的文化才是品牌建设的核心点。找寻品牌文化的灵魂，需要完成的事情有确定文化属性、判断文化群体和凝聚文化主张。

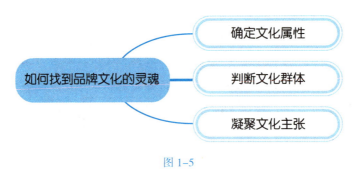

图 1–5

1. 确定文化属性

品牌伴随着产品与服务存在，所以属性应该与产品和功能相一致，如果不能找到和企业相匹配的文化属性，那么品牌文化就如同强行加上的内容，无法贴合企业。找到企业文化的灵魂所在，将它运用到品牌文化之中，在此基础上，品牌文化更加具象化，品牌也能有长久发展的动力。

2.判断文化群体

消费者是品牌的"买单者"，判断品牌文化面向的人群是关键之举，不同的消费群体有不同的文化素养、消费需求，企业需要合理地判断文化群体。品牌文化不分三六九等，只凭个人喜好，从严格意义上来讲，没有人可以确定什么文化高贵、什么文化庸俗，所以企业要尊重消费者的文化理念。在确定品牌文化群体后，企业可以有方向、有目标地设计品牌、发展品牌，消费者感受到符合个人品位的文化，就能够产生爱好上的共鸣。

3.凝聚文化主张

无论是寻找品牌文化灵魂，还是判断文化群体，都是品牌追求有意义的文化价值主张的行为，一个方向感明确的文化主张，可以使品牌变得足够有吸引力。

有很多国产运动潮牌提出"个性与张扬"的价值主张，向目标消费群体表达自由与舒畅的理念，打造出独特且引人入胜的优质品牌。

品牌价值与品牌价值主张具有关联性，却不是重合的定义，一个有价值的品牌不一定具有价值主张，而一个有价值主张的品牌一定不会因为没有价值而惆怅。当一个品牌被认为具有价值时，它紧接着会面临发展期，在此期间，如何凝聚价值主张就变得尤为重要，所以企业做好品牌的重要举措就是重视对价值主张的挖掘。

二、如何塑造品牌文化的内涵

价值主张是品牌的外在韵味，具有长远发展目标的企业还需要重视文化内涵的塑造。品牌文化的吸引力往往是由内而外产生的，如果没有强有力的文化内涵，品牌文化就会显得很"浮躁"，没有办法加深其在消费者心目中的印象。品牌形象、品牌理念与品牌故事都是品牌文化内涵不可缺少的东西。

图 1-6

1. 树立品牌形象

品牌具有形象，一个能够持续向前发展的品牌一定能够在消费者心中展现具体的形象，所以很多企业会将品牌拟人化。品牌的人格标签就是品牌的形象体现，它能够明确地展示品牌的个性与特点，消费者在选择产品的同时也会被品牌形象所吸引。例如，很多人谈及旺仔牛奶，就一定会想起那个笑着的卡通男孩，在消费者的印象里，旺仔品牌已经和可爱男孩绑定在一起，被可爱男孩的形象吸引也就是被旺仔品牌吸引。不同的品牌针对的消费群体一般存在差别，企业可以依照消费者的喜好，树立相应的品牌形象，通过提高品牌形象吸引力来加强客户对企业的忠诚度。

2. 明确品牌理念

所谓理念，其实是一个比较泛化模糊的定义，它代表着一个品牌渴望表达的要义。产品愈发泛滥，基础的功能已经不能被视为是竞争的手段与途径，在品牌上多下功夫反而成为一场博弈，颇具特色的品牌理念更加能够激起消费者的欲望。例如，被中老年群体普遍认可的"足力健"品牌，基于消费者对舒适度、松弛感的需求，总结出品牌的独特理念，消费者并不是很在意款式与美观度，他们更加关注舒适度。遵循这样的想法，品牌满足消费者需求的同时，也加深了他们对产品的印象与认可度。

3.创造品牌故事

品牌文化的内涵在于丰满性，丰富内涵的一个举措是讲述属于品牌的故事，有温度、有内涵的故事可以凸显品牌的高度，能够激发消费者的购买意愿。在竞争激烈的市场环境下，不计其数的产品涌入消费者的视线，只呈现表面上的价值远不能优于其他竞争者，所以可以从感性的故事情感角度入手，编织属于品牌的故事，如此方能提高品牌的知名度，令越来越多的消费者支持品牌。

三、如何构图品牌文化的标志

品牌的印象与价值是无形的，但是要想让无形的事物进入消费者的记忆里，还是需要通过有形的标志来刻画形象，给品牌提供从实物到意识的转化途径。标志可以透露品牌的文化信仰，能够起到吸引消费者注意的作用，同时客户在向其他人推荐品牌的时候也有了实际的依据与介质。为了能够更好地宣传品牌文化，企业需要根据企业特色、产品属性设计相应的品牌标志，使得品牌文化的内涵得以外显。

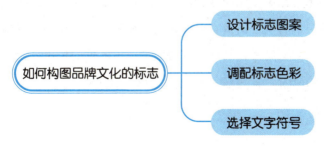

图 1-7

1.设计标志图案

图案能够非常直接地传达品牌预期的要义，是消费者最先注意到的内容。很多时候，在消费者不了解品牌文化与主张的情况下，足够引人注意的图案可以为品牌积累潜在的客户群体。比如，QQ是流行多年的社交软件，虽然没有做到全民普及，但是"企鹅"的标志已经广为人知，往往在某些特定的情况下，潜在客户的脑海里会显现这个标志，从而为品牌增加了一部分客户。

2.调配标志色彩

颜色也具有个性与特色，设计品牌标志的核心是符合品牌属性。选择与品牌属性适配的颜色很是重要，树立鲜明的品牌形象，离不开色彩的外显支持。标志的颜色可以传递很关键的信息，也可以影响消费者的情绪，在其心目中塑造出鲜明的形象。比如，知名品牌乔丹的标志大多为红色，重在传扬热情和活力，与运动的风格相匹配，消费者能够从标志颜色上感受到扑面而来的热烈氛围。

3.选择文字符号

文字符号是品牌标志的点睛之笔，首先映入消费者眼帘的是图案与色彩，但深入了解则需要文字的引导，所以文字符号是丰富品牌文化内涵的关键。阐述品牌文化的标志性文字不需要多么复杂，最好是简洁且直白的，这更加有利于消费者理解文化、探索文化。比如，很多视频软件会标有"TV"的符号，它能够直观地展现出软件的作用，让使用者清楚自己选择的原因。

第五节　品牌的立心思维

　　建设品牌，绝非易事，从决定做品牌开始，就是一个很漫长、很艰难的过程，很多努力可能成效不佳，但是一次失误，就有可能满盘皆输，所以注重品牌的立心思维很重要。企业设计品牌时，可以借鉴竞争者的先例，但是不能重复照搬，要理解自己的品牌与竞争对手之间的差异。品牌因产品的存在而出现，所以应该遵循源于产品且归于产品的原则。建构品牌很关键，保持品牌的稳定发展更加重要，要重视对已存在品牌的维护。品牌的建构与发展都应该向正确的方向前进，脱离环境与实际的目标对品牌的成功并无益处。

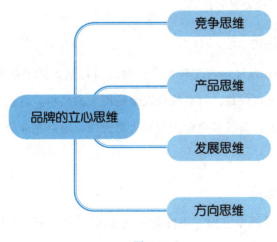

图 1-8

一、竞争思维

很多企业步入建设品牌的初期，都没有特别清晰的思路与想法，所以参考其他企业的品牌设计是很可取的一个做法，但是产品与品牌和他人高度相似，不仅不会为自己的品牌造势，还很有可能会免费为他人做广告。如果消费者看到的同类产品每个品牌都所差无几，那么品牌的价值就已经被降低了，品牌的良好特色固然可以学习，但是品牌更需要有独特性，凸显品牌的差异化特点就是企业建构具有竞争力品牌的一大举措。

二、产品思维

品牌的设计与发展策略不可能是一成不变的，市场环境会改变，社会氛围会变化，这些都可能成为品牌调整设计思维的原因。很多企业苦心钻研品牌，却在无形之中忽略了产品，这是一种本末倒置的结果。一个品牌做得再好，如果产品没有硬核的特征一样会被淘汰，所以在忙于做品牌的同时，也要做好产品。

三、发展思维

品牌的影响力与知名度其实是一种可消耗品，随着品牌的不断发展，如果节奏出现问题，对品牌来说便是极大的负担。将已经建构完成的品牌发展下去，是很多企业渴望解决的问题，所以企业应该重视品牌的发展历程。

四、方向思维

品牌的发展需要方向，不能像无头苍蝇一样，胡乱地探求目标只会迷失发展的方向。相反，品牌一旦确定方向，在发展过程中就可以避免很多分歧。有了发展与生存的目标，企业建构品牌的难度也会随之降低，从而能够更加清晰地明确品牌的立心思维。

第二章　品牌的定位

　　品牌定位是指品牌选定某个市场，根据该市场受众群体的需求完成品牌设计，使得品牌在消费者心中占据一定的地位，在产生相应的需求时，品牌会自动涌现在消费者的选项之内。品牌的定位决定了品牌未来的发展走向，企业一旦确定目标市场，就需要根据市场需求设计品牌形象，以达到获得目标客户认可的目的。品牌的定位需要多方面因素的介入，包括企业创始人的想法、企业所处市场的现状、企业目标消费者的需求和品牌自身的文化。

第一节 企业创始人之意愿与企业行业分析

　　品牌的定位受企业创始人的主观意愿影响，虽然开发品牌的工作不可能只有创始人负责，通常是由一个话语权较高的团队共同决策，但是企业的创始人有足够的资格决定是否采纳品牌定位的观点，所以企业创始人的意见对品牌定位影响很大。另外，客观地讲，品牌不可能独立于市场而存在，所以一定会受到行业大环境的影响，要想企业品牌定位更加标准，企业就需要进行行业分析，确保品牌定位符合环境发展趋势。

一、企业创始人之意愿

　　企业创始人作为企业的主人，他的做事风格决定了企业的发展情况，人的做事风格主要由个人想法影响，总的来说，企业创始人的想法决定着企业的发展目标。企业想要做好品牌定位，最大的决策者是企业的创始人，他决定品牌要面向的市场，也就划分了品牌的目标人群。企业创始人的意愿决定品牌发展的高度，"只有想不到的，没有做不到的"，只有企业创始人敢想敢做，品牌的影响力才能越来越大，初始的品牌定位目标越大，品牌发展的动力越足。

1. 什么是企业创始人的意愿

　　作为企业的管理者和领导者，在行使诸多权力的同时需要承担相应的责任，需要有带动企业实现更好发展的决心与毅力。企业建设与发展品牌是为了促进企业不断壮大，品牌发展到什么程度，一方面需要全体员工的共同努力，另一方面需要企业经营者设置一个远大的目标。

有很多企业创始人在品牌取得一定的成功后，就开始沾沾自喜，很容易迷失自我导致犯下错误，造成如此结果的最主要原因就是创始人的目标太小，没有远大的抱负就容易被眼前的小恩小惠所迷惑。当企业创始人的目标足够远大时，取得的成果会被他认为是完成了目标的一个步骤，只会激励着他更加用心经营企业，旨在实现自己设定的远大目标。

2.意愿影响力案例

企业创始人拥有意愿的作用就在于设定比预想中更为远大的目标，当考虑到自己能力可以获得的收益是100元时，可以把意愿目标设为1000元。有一位企业创始人年收益是500万元，想要获得突破，却一直未能实现，于是询问了专家自己该怎么办。专家提出建议，让他设立一个目标：为慈善机构捐款5000万元，后续就需要朝着这个目标不懈努力。根据专家的建议，该企业创始人在取得一定的成果后并没有满足，而是一直朝着自己的意愿目标前进，尽管最后没有达到5000万元的目标，但是突破了之前的目标，年收益比原来的500万元高出不少。

上述案例中的企业创始人之所以久久未能跨过难关，就在于他一直没有下定决心，自身的意志力并没有得到更好的开发。在专家的建议下，他设立了意愿目标，而如果想要完成就需要付出比原来多10倍的努力，所以激发了他的潜力，从而实现了更大的收益。

二、企业行业分析

对品牌的精准定位是基于对企业所处行业的精确分析，只有了解与掌握行业的现状，才能清楚品牌适合什么样的风格、应该做出怎样的定位。企业所处行业的发展情况，是企业创始人最为关心的内容，所以相关的数据分析是服务于企业高层管理者和领导者的。行业分析不能盲目地埋头苦干，而是需要讲究技巧，通常情况下行业分析主要包含四个方面的内容，分别是行业规则分析、行业消费者分析、行业竞争分析和行业前景分析。

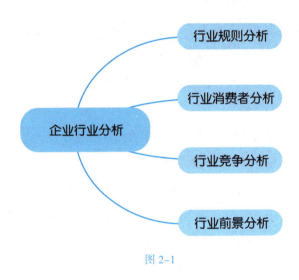

图 2-1

1. 行业规则分析

对企业所在行业的规则进行分析，是为了给很多刚刚步入行业的企业创始人提供数据，让他们了解行业的基本情况。首先，企业需要了解行业内的产业链情况，即处于该行业，应该与哪些企业合作，又该如何合作；其次，企业需要掌握行业内的商业模式，知晓实际情况后才能明确自己的发展策略；最后，企业需要了解进入行业的条件，旨在帮助企业创始人清楚行业对新型企业的资历、资金等各方面的要求。

2. 行业消费者分析

企业创始人需要对行业面向的消费者群体进行分析，其内容包含消费者信息、消费者分布和潜在消费者。第一，企业需要调研并统计消费者的实际信息，比如消费者数量、消费能力、消费需求等；第二，企业需要了解消费者的分布，比如不同地区的消费者、不同年龄的消费者等；第三，企业需要寻找潜在消费者，思考哪些消费者有可能产生消费行为。

该部分的信息分析工作具有很高的操作难度，因为涉及的分析范围过于广泛，所以数据采集的步骤比较烦琐。比如分析男性白酒消费情况，步骤如下：

统计全国男性数量以及每个省份的男性分布；

统计所有男性中有多少人饮用白酒；

统计饮用白酒男性的消费能力。

在掌握到上述数据后，企业可以用消费金额计算公式大致计算白酒的收益指数：消费金额＝男性总人数×饮用白酒人数所占比例×人均消费能力。

3. 行业竞争分析

行业竞争分析是分析企业在行业内的竞争对手，包括竞争对手有哪些、竞争方向是什么、竞争力如何等。了解行业的竞争实情，一般需要掌握的信息有产品结构、强力竞争者和差异化程度。产品结构是指各竞争企业对自己产品的定位，按照高、中、低三档将竞争企业进行分类；强力竞争者是行业内实力最为强劲的竞争对手；差异化程度包括同质竞争和差异竞争，比如价格定位属于同质竞争，功能定位属于差异竞争。

4. 行业前景分析

对行业的前景进行分析是企业最需要重视的一个环节，行业的大环境直接决定了企业品牌发展的上限，如果行业前景不佳，那么企业很难快速发展。企业想要全面详细地分析行业前景，可以从四个方面入手，分别是各个系数的增长趋势、行业内企业的进出数量、行业内资金的投资情况和行业的结构变化。

　　行业内各个系数的增长和下降趋势可以反映出行业的发展态势。例如，用户数量、销售额、产品数量等系数的增长，都可以说明行业具有很好的发展前景。

　　行业内企业的进出数量是指在一定的时间内，进入行业和退出行业的企业数量，当进入行业的企业数大于退出的企业数时，说明行业具有不错的发展前景。

　　行业内资金的投资情况是指行业内企业的注资与撤资情况，如果注资金额高于撤资金额，那么行业具有发展前景。

　　行业的结构变化是指整个行业内产品的构成与组成，行业内细分领域的数量可以从侧面反映出行业的活力。

第二节　企业创造产品与服务市场的分析

　　企业需要根据所创造的产品进行品牌定位，而产品的选择需要根据服务市场情况而定，所以需要进行详细且准确的市场分析。通过对服务市场的分析，企业可以更好地确定产品的属性和功能，同时也能够正确地制定品牌经营战略，达到满足消费者需求的目的，从而提高企业的经济收益。对产品所处市场的分析主要包括三个方面的内容，分别为市场阶段分析、市场规模分析和市场需求分析。

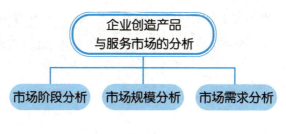

图 2-2

一、市场阶段分析

企业进入市场后需要经历至少两个阶段，刚刚进入行业时处于新手阶段，在行业内生存了一段时间后企业会进入发展阶段，这两个阶段是所有企业必然会经历的。企业如果发展顺利就会进入成熟阶段，此时的企业与品牌都已然发展成型，具有了一定的竞争力。还有一个特殊的市场阶段是衰败阶段，不同企业进入该阶段的时间不一样，有些企业会因为策略不当在发展一段时间后进入衰败阶段，也有些企业会因为进入成熟阶段而得意忘形，逐渐进入衰败阶段，当然也有企业会一直处于鼎盛时期，不曾有衰败之势。

二、市场规模分析

市场规模也被称为市场容量，对市场规模的分析主要是研究目标行业的整体规模，一般包括产品数量、产量质量、产品价格等数据，同时也需要对消费者群体进行分析，比如消费者需求、消费者年龄、消费者喜好等。

三、市场需求分析

市场需求分析是指对整体行业所面向的消费者群体的产品需求量进行分析，根据产品目标客户的消费习惯、经济水平等信息，确定消费者的实际需求。市场需求分析包括市场需求量预估、市场容量预想变化、产品竞争能力等，企业可以通过预测这些数据来进行市场需求分析。

第三节　产品与服务的客户群体分析

消费者定位是品牌定位的组成部分，企业建设和发展品牌的最终目的是通过吸引更多的消费者为企业创造更大的收益。想要进行客户群体分析，需要知晓从哪里入手、从什么角度出发，消费者购买的是产品与服务，企业应该从产品与服务的角度出发进行分析。在进行客户群体分析的时候，企业需要明确三个问题：消费者是谁？消费者为什么要购买？消费者为什么要向我购买？

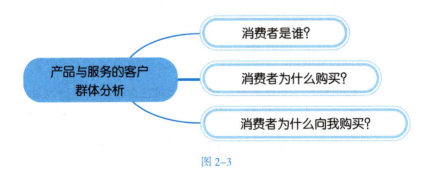

图 2-3

一、消费者是谁？

企业的盈利模式不同，面向的消费者类型就不同，不同类型的消费者适合的客户分析方式也就不同。企业可能是为了满足个体消费者的需求而进行零售，也可能是为了满足群体消费者的需求而进行批发或代理。面对个体和群体这两种类型的消费者群体，企业应该采取不同的分析手段，以便于获得更加精准的客户信息。

图 2-4

1. 分析个体消费者

对个体消费者进行分析，企业需要了解消费者的消费习惯、购买行为等信息，根据掌握到的信息将消费者进行大致的分组。确定分组后，企业可以采取抽样调研的方式从每个小组内抽取一部分客户进行了解与分析，最终根据每个组别消费者的个人消费习惯，提供符合不同个体消费者的产品指南和服务方案。

2. 分析群体消费者

对群体消费者进行分析，企业很难具体地了解到每个群体里每一位消费者的基本信息，所以最适合的方式就是对群体中的一部分个体进行了解，利用这部分个体的思维去影响群体的消费思想。企业选择了解的个体数量不是固定值，群体组织越大，参与消费决策的人越多，企业需要根据群体内消费者的总数量按一定比例来确定合适数量的个体进行分析。

二、消费者为什么购买？

消费者可能因为个人需求选择购买产品或服务，却也可能因为被产品或服务吸引而选择消费，企业需要分析到底是什么原因促使消费者产生消费行为。在了解消费者购买原因的时候，企业可以询问客户想要使用产品满足哪些需求，从而大致确定消费原因。如果消费者因为个人原因购买，企业可以提高产品与服务的质量来增加自身竞争力，将有购买需求的消费者转化为自己的客户；如果消费者因为产品或服务吸引而购买，企业便可以提高对产品或服务的宣传力度来强化知名度，让更多的消费者逐渐从认识品牌转化为认可品牌。

三、消费者为什么向我购买？

在物欲被极大满足的时代，每个企业周围必然会存在竞争对手，如何让消费者选择自己而不是选择别人就是企业需要思考明白的问题，分析消费者购买自己产品的原因就是为了解决这一问题。事实表明，消费者之所以选择某企业的产品或服务，一定是因为该企业在某些方面做得比竞争对手好，固然有企业知道是哪些方面，但是为了准确的定位自身优势，企业也应该展开深入的分析与了解。

有些时候，吸引消费者的不一定是产品或者服务本身，很大概率是企业的某些福利措施，比如很多商场一旦发布优惠活动，客流量就一定会增加，这肯定不是因为产品或服务优于竞争者。尽管企业已经明确了自己的优势，但是在与消费者沟通的过程中，也可以获得消费者的好感，并且为自身带来信心。最关键的是，当企业明确知道自身优势点时，就可以将优势发展成固定的吸引客户的因素，扩大消费者群体的同时也能够给予自身更大的信心。

第四节　常见的品牌定位实践方法

对品牌进行精准的定位是企业建设和发展品牌的第一步，如果不能定位自己品牌的营销方向，就无法进行后续的工作。品牌定位的实践方法可谓是"百花齐放"，并没有固定的方式，几乎都是根据品牌设计的喜好与想法而定。"不论方式，只论结果"的说法在品牌定位阶段较为适用，无论选择怎样的定位实践方法，只要能够实现正确定位就已然达到目的。就目前所了解的信息来看，诸多企业常用的品牌定位实践方法主要有需求定位、USP定位、样式定位、地位定位、借势定位、比较定位、客户定位、市场空当定位、档次定位、价格定位、文化定位和情感定位。

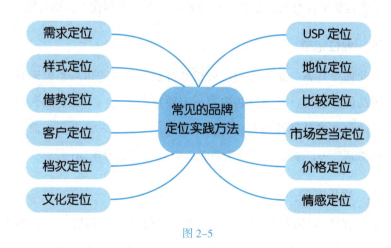

图 2-5

一、需求定位

需求定位就是根据消费者的不同需求进行选择性的定位，品牌在进行定位的时候，容易过犹不及，与其满足消费者的多重需求，不如选择单一需求进行突破，从而建立起品牌的特色。例如，洗发水的品牌有很多，有的品牌主打"去油"，有的品牌主打"去屑"。

二、USP 定位

USP（Unique Selling Proposition）理论，是罗瑟·瑞夫斯提出的创意理论，它强调要向消费者展示产品或品牌独一无二的卖点。企业需要寻找自身品牌独特的地方，既能吸引消费者，又可以区别于竞争对手。比如某碳酸饮料品牌大力营销自己不含气的特点。

三、样式定位

企业为品牌设计不同以往的样式，这样独特的样式可以体现在产品上，也可以体现在品牌上。例如某牙膏品牌设计出日夜分装的套盒产品，一个包装中含有两支牙膏，消费者可以在白天和夜晚分别使用。

四、地位定位

企业如果具备一定的能力，可以通过强调自身的市场地位来获得消费者对品牌的认可，但是宣传内容一定要符合实际，不能有虚张声势的情况。比如很多品牌都会在自己的宣传语上用到"××业界一流""销量名列前茅"等，就是为了让消费者意识到自身的市场地位。

五、借势定位

企业在适当的时候可以攀附其他知名的品牌，利用对方的热度来宣传自己的品牌，从而提高品牌的知名度，获得更多消费者的青睐。例如有些食品品牌为了凸显自己美味，宣传用语会用到"味道不输经典口味"，将自己的食品与经典产品贴近。

六、比较定位

宣传自身品牌知名度的同时必然会与同行业的企业产生竞争，有些企业会将这份竞争延伸到品牌定位之中，通过比较自身与其他品牌，体现自身优于对方的地方。例如某防晒霜品牌为了体现产品的功能性，专门宣发了产品对比广告，内容是测试不同品牌的防晒指数，广告中体现出自家产品的防晒能力更好。

七、客户定位

很多企业在进行品牌定位前会细分市场，其目的是找准品牌的市场定位，直接针对消费者群体进行营销，从而获得目标客户的认可。例如某些药物品牌不会选择过大的消费者范围，它定位到儿童药品，受到很多家长的认可。

八、市场空当定位

市场空当定位是企业挖掘竞争者未曾发现的营销方向，使得自己的产品不仅独特，而且还具有新颖的功能和服务，从而吸引到更多的消费者。例如，某洗发水品牌在近期吸引到很多消费者的注意，在竞争者都在开发各种香味的时候，该品牌坚持自己刺鼻的生姜味道，只营销护发、生发的特点。

九、档次定位

不同消费水平的消费者首先考虑的品牌层次有所不同，很多企业为了精准地进行品牌定位，会从高、中、低三个档次中选择一个主攻方向。例如，某红酒品牌做出的品牌定位是针对中等消费水平的人群，给消费者一种价格适中的感觉，低消费能力的人不会觉得很贵，中消费能力的人主要是客户群体，高消费能力的人也不会觉得不够档次。

十、价格定位

企业可以根据产品的质量与价格对品牌进行定位，质量是消费者考虑的首要因素，而价格是决定消费者是否购买的重要因素，在质量相差无几的情况下，哪怕价格稍微低一点点也会讨取消费者的欢心。例如某电脑品牌强调个体直营，该品牌有自己的网站与物流，旨在直接面向消费者，为消费者节省许多购买环节的费用，赢得了不少消费者的认可。

十一、文化定位

品牌文化能够起到丰富品牌内涵的作用，企业可以将文化融入品牌当中，不仅可以展示品牌的底蕴来吸引消费者，还可以强化品牌的特色。比如某糕点品牌具有长远的历史，它选择营销自己的文化特色，让消费者觉得自己吃的不是糕点，而是一种文化。

十二、情感定位

消费者的实际需要是理性的，但是个人的选择是感性的，所以企业可以利用产品特点来冲击消费者的情感，通过引起消费者的情感共鸣来增加其购买欲望。例如某肥皂品牌的广告语是：宝宝健康，妈妈安心。强调宝宝健康对妈妈的重要性，获得身为妈妈的消费者的情感认同。

第三章　品牌建设主体

　　品牌建设已经成为近几年的一个热门话题，如果一个企业能够建设好自己的品牌，对其日后的发展会有很大的助力。高知名度的品牌往往能够为企业带来很高的利润，但是提高品牌知名度的前提是企业拥有自己的品牌。为了能够发挥出品牌的作用，很多企业都热衷于建设品牌，而建设品牌需要明确知道主体是什么，也许有人会认为品牌建设的主体是产品或者消费者，事实上应该是企业。品牌隶属企业，如何建设和发展完全受企业的主导，企业拥有品牌的经营权和所有权，所以企业才是品牌建设需要关注的主体。

第一节　企业品牌立心之道

立心，是立志，也是树立三观，企业想要利用品牌实现良好的发展，就需要引导品牌向正确的方向前进，不能明确立心的企业，就算获得发展契机也迟早会被淘汰。企业品牌想要立心，就需要知晓立心之道是什么，在我看来，企业文化就是品牌的立心之道，重视企业文化内涵，品牌立心工作才更加顺畅。企业文化的作用很广泛，提高企业竞争力、优化企业形象和引导员工价值观是它作为品牌立心之道的作用体现。

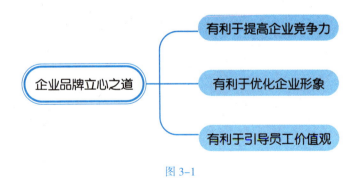

图 3-1

一、有利于提高企业竞争力

不同企业具有不同的文化内涵，无论是其发展的历史，还是建设的初衷，都是组成企业文化的一部分，因为每个企业从籍籍无名发展到声名远扬都需要一段独特的经历，这就是企业区别于其他竞争者的文化历程。企业应该合理利用文化的影响力，强化自身独特的竞争优势，明确品牌的立心方向，建设独一无二的品牌风格。

二、有利于优化企业形象

企业文化是对企业形象的一种无形包装，就如同人一样，文化可以培养出有涵养的人，同样也可以培养出一个有底蕴的企业。品牌根据企业文化立心立命，能够在一定程度上优化企业与品牌的形象，吸引更多消费者的注意。

三、有利于引导员工价值观

企业文化为品牌立心，也为员工立命，因为受企业文化的影响，品牌在追求名利的同时也会保持初心，企业建设品牌既是为了获利，也是为了创造价值。企业发展的受益者是企业内的所有成员，而社会也是一方受益者，当企业文化强调社会作用力的时候，企业员工自然会逐渐树立正确的价值观，从而努力提高自己对企业、对社会的贡献值。

第二节　用产品承载企业品牌文化

企业之所以能够生存在市场内、社会上，是因为它能够为目标市场和社会环境提供有价值的产品，没有产品输出的企业就会失去生存的活力。产品承载着企业品牌文化，没有产品，企业的文化、品牌的内涵都没有办法让人了解与熟知，没有产品的企业和品牌，就如同没有水的鱼，会在困难中失去生命力。

每个产品都有独属于自己的企业想法，它们可能蕴含着历史文化或者价值观念，将企业品牌文化融入产品，能够让自身明显区别于竞争者。同时，具有独特文化价值的产品，往往更能获得消费者共鸣与认同，从而为企业收获不可估量的信任度与忠诚度。

总的来说，优秀的产品总是会承载着企业品牌文化，其内涵使产品变得特殊，而产品独特性是对产品价值的支撑。对于企业和品牌来说，延续文化与丰富内涵是使产品获得成功的途径之一。对消费者来说，具有文化内涵的产品更值得购买，因为能够满足自身的精神需求。

第三节　用产品承载企业品牌文化价值

企业品牌文化价值是指企业在发展与运营过程中保持的价值主张，是企业文化与品牌文化的核心，而消费者购买的是产品，没有产品，企业文化与品牌文化就无法输出，所以产品也承载着品牌文化价值。想要更好地凸显品牌文化价值，企业需要不断地从产品的角度强化企业品牌文化价值理念，常见的方法有以客户为中心、创新产品内容和讲究产品诚信。

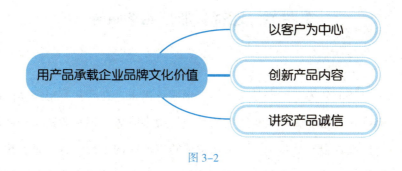

图 3-2

一、以客户为中心

企业应该将客户需求视为最重要的产品优化参考系数，通过了解消费者的需求，不断地提高产品与服务的质量，为客户创造更高的价值。客户满意产品，就可能产生深入了解企业文化价值的想法。同时，产品诞生于企业，也代表着品牌，所以发挥着承载企业品牌价值的作用。

二、创新产品内容

市场结构的变化，使得产品为了满足市场需求而改变，而企业品牌文化也会受市场环境所影响，所以产品需要不断地创新内容，才能与企业品牌文化同频变化。企业应该鼓励员工积极提出创新性建议，因为身为企业的一员，员工同样受企业品牌文化价值熏陶，从而能够给出符合需求的创新理念。

三、讲究产品诚信

消费者认识企业、认可品牌的前提是产品能够满足个人需求，如果产品能够树立起足够的诚信，消费者也就愿意给予企业和品牌展示文化价值的机会。企业讲究诚信的同时，企业品牌文化价值也会在无形之中传递给消费者，从而增加企业品牌的认可度与美誉度。

第四节　连接有形与无形服务

客户需求分为有形产品需求和无形服务需求，在购买有形产品的同时，消费者对无形服务也有较大的需求。很多时候，消费者购买一样产品，不仅仅看中产品本身，还很在意伴随着产品的无形服务。企业想要成功地建设品牌，就需要满足客户的需求，获得消费者对企业与品牌的认可理应从健全有形与无形服务入手。

一、什么是有形与无形服务

有形服务包括有形产品和被有形化的服务，有形产品就是可以看得见的实物产品，被有形化的服务是指企业借助有形因素使无形服务具象化。

无形服务包括无形服务和被无形化的产品，无形的服务就是能够满足精神上的愉悦的服务，被无形化的产品是指模糊了产品的具象功能，让消费者感受到潜在服务效果的产品。

无形化的产品举例：消费者购买车票的时候，并不能马上到达目的地，只是感觉到能够达到的效果，这种无形的产品使消费者获得了安全感。

二、有形与无形服务如何连接

企业想要连接有形服务与无形服务，就需要模糊两者之间的界限。大多情况下，企业的有形与无形服务是结合着发挥作用，界限分明并不利于发挥共同作用。为了更好地连接有形与无形服务，企业可以从两个方向努力，一是有形化无形的内容，二是无形化有形的内容。

图 3-3

1. 有形化无形的内容

服务产品就是无形的内容，想要有形化服务产品可以从三个方面入手，分别为服务产品本身、服务环境和服务提供者。

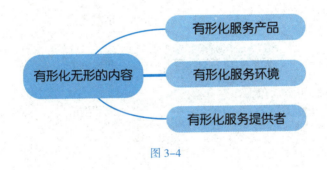

图 3-4

（1）有形化服务产品

服务产品可以利用先进的技术强化服务的形象，比如自动式的服务能够让消费者直观地感受到服务的周到用心，从而在脑海中绘制出服务的场景。

（2）有形化服务环境

服务环境是具象存在的场所和氛围，但是场所的不确定和氛围的不稳定使得服务环境趋向于无形，想要将它有形化，企业可以尽可能地固定场所与氛围，使服务环境成为一种稳定的状态，从而形成具体的印象。

（3）有形化服务提供者

服务提供者本身就是有形员工，但是员工不能保证服务的稳定性，这使服务变得模糊，所以服务提供者有形化的道理与服务环境的有形化大致相同，可以通过控制变动来实现服务提供者有形化。

2. 无形化有形的内容

比起有形服务的直接，无形服务更加讲究循序渐进，让消费者在不知不觉中感受到优质的服务，这就是无形服务的魅力所在。想要实现有形服务无形化，企业通常需要做到态度到位、效率到位和细节到位。

图 3-5

（1）态度到位

企业在为消费者提供服务时，需要重视客户感受，做到尊重客户意愿、了解客户需求等，尽力做到"想客户所想，急客户所急"。态度到位最重要的就是服务态度要诚恳，不仅仅是直接提供服务的员工要如此，所有出现在消费者视野中的员工都应该如此，旨在为消费者提供最好的消费体验。

（2）效率到位

如果可以高效率地为消费者提供服务，必然更加容易获得消费者的认可，所以服务客户时一定要把握好节奏。现在很多企业对客户服务的要求就是质量好、效率高，企业员工需要尽快掌握消费者的实际需求，并为他们提供相应的服务，甚至有些员工会加深对消费者的了解，目的即是预测消费者的需求。

（3）细节到位

企业如果能够为消费者提供无形的细节服务，就很容易获得消费者在情感上的认可，"细节最动人心"就是这样的道理。

某餐馆一直强调提高客户满意度，所以设置了一条自愿留下生日时间的规则，当消费者将自己的生日时间留下后，如果他在该餐馆再次消费时恰逢生日，餐馆会提供六折优惠。这样的策略不仅为消费者提供了优惠，还让消费者感觉到情感上的满足，从而获得了不少消费者的认可与信任。

第五节 以"人"为本建设品牌

建设品牌需要依靠企业全体成员的力量，包括企业高层领导和基层员工，虽然我们在前面一直强调企业高层领导对品牌建设的作用，但是不得不肯定基层员工同样对品牌建设有很大帮助。企业应该以"人"为本，建设品牌。品牌是企业的品牌，企业需要依靠人力建设品牌，高层领导者进行决策，而贯彻决策与方针的是员工。尽管员工不具有多么大的品牌建设发言权，但是如果企业允许员工发表意见，许多有效建议也是可以对品牌建设起到正向促进作用的。

图 3-6

一、保证信息公开

企业的品牌文化应该是公开的，员工了解到具体的文化内容，才能有宣传品牌文化的机会。对于一些愿意宣传品牌的员工来说，了解程度越高，宣传效果越完美。同时，企业也应该鼓励员工随时提出对品牌建设的质疑，集思广益地发展品牌能够降低品牌建设的难度，同时也能够增加员工对企业的归属感。

二、适当放松管理

员工在日常工作中可能已经压抑了自身的情绪，如果企业采用严格的管理措施，可能会给员工带来更大的困扰，所以企业应该适当地放松管理力度。放松的管理措施能够让员工感觉到企业对自己的尊重，他们也会愿意花费精力为企业品牌建设思考，在有了不错的想法后，员工可以告知企业，尽可能地为品牌建设尽一份力。

三、自由营造文化

员工的工作风格、工作氛围可能会成为企业文化营造的一部分，符合员工意愿的文化更容易获得员工认同，对于自己认同的文化，员工也更愿意进行宣传。企业应该给予员工发展文化的自由，使得员工获得信任感和认可感，从而提高他们的工作热情，令他们愿意配合企业进行品牌建设。

第四章　品牌客户定位

　　在品牌竞争日益明显的今天，经济市场时过境迁、变幻莫测，能够精准地定位品牌的目标客户是品牌走向成功的关键。只有适应市场变化、满足客户需求，品牌才能够在激烈的竞争中得以长久地生存下去。为了有效地做好品牌客户定位，企业需要从多个方面入手，包括了解目标客户、分析竞争对手、制定营销策略和重视持续优化。

第一节　了解目标客户

　　品牌的建构需要以顾客为导向，所以企业应该了解品牌产品的目标客户群体，确定客户群体范围是一方面，另一方面需要掌握客户的个人信息，包括性别、职业、收入等。

　　某美妆品牌主要走小众路线，在一众品牌追求华丽、高奢的时候，该品牌一直致力于"小品牌、高知名"的方向。该品牌的美妆并没有太重视包装，也没有吹嘘产品科技含量，就连品牌标志都很简约，旨在从内到外的表达"物美价廉"的理念。该美妆品牌面向的客户群体是基层的职业女性、学生等低收入低消费群体，不仅质量让客户满意，价格也比较容易被接受。

　　了解客户群体、做好客户定位的主要工作就是掌握目标客户的基本信息，这些信息的获取手段一定是正向的、积极的，可以选择的方式有问卷调查、大数据分析等。

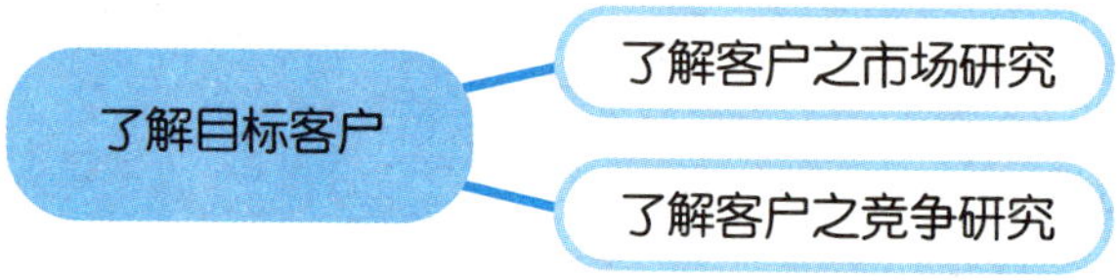

了解目标客户 —— 了解客户之市场研究

了解客户之竞争研究

图 4-1

一、了解客户之市场研究

进行市场研究是了解目标客户常用的手段，通过细致的市场研究，企业可以了解目标客户的实时需求，经过分析可以获得非常有用的数据。市场研究分为定性研究和定量研究：定性研究一般是在样本与群体中进行的研究，不具备统计意义，更加依靠于研究者的经验与技巧，能够根据问题制定策略；定量研究常用数字化的符号表示研究结果，通过数据来反映现象。

二、了解客户之竞争研究

竞争研究是指从竞争对手的角度入手进行研究，在确定目标客户群体后，了解他们关注的其他同行业品牌，企业可以掌握对方的优劣势，最终择优而学。通过竞争研究的方式，企业可以发现与竞争对手的实际差距，也更能明确企业的优势，从而采取相应的措施发挥优势。了解竞争对手的同时，也可以精准地抓住对方的缺点，这样能够为企业增加获胜的概率。

第二节　分析竞争对手

只是从企业内部分析问题容易片面化，必须认可竞争对手的实力与价值，通过了解竞争对手的客户定位情况，可以加快目标客户定位的速度。分析竞争对手的优劣势，企业在建构品牌的时候可以做到"取其精华，去其糟粕"，学习竞争对手的优点，规避竞争对手遇到的问题。另外，当深入地分析竞争对手后，企业可以逐渐明确品牌的差异点，从而能够达到兼顾且独特的品牌效果。

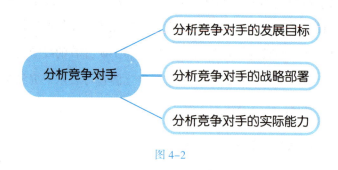

图 4-2

一、分析竞争对手的发展目标

效仿式发展策略在经济市场内并不会被排斥，如何从效仿中挖掘出发展特点是企业成功的制胜法宝，很多企业成立初期都是从竞争对手身上学习经验，分析竞争对手是一个重要的经营手段。处于发展目标探索期的企业有很多，不同企业有不同的应对措施，从竞争对手的目标中借鉴内容是快速且高效的一种手段。通过对竞争对手发展目标进行分析，企业可以明确大概的发展方向，并且这些认知大多是正确可行的，所以企业可以从竞争对手的发展目标中取长补短。

二、分析竞争对手的战略部署

在确定品牌发展目标后，企业就需要为了实现目标而采取一系列的实质行动，想要保住行动的有效性，就需要提前制定合理的战略。无论是企业内部负责人员自行确定的发展目标，还是从竞争对手处学习的目标方向，都需要有严密的战略部署，否则很难真正贯彻实施。只要是可行的发展目标，都具有相似的实现流程，所以企业在计划不明确的情况下，可以适当地学习竞争对手的部署方案，从中筛选出对企业有用的方针战略。

三、分析竞争对手的实际能力

目标客户群体重叠或部分重叠的品牌之间存在竞争关系，即使同属于一家企业，不同品牌之间也可以存在竞争，知己知彼方能百战百胜，只有清楚竞争对手的实力，才可以更好地发挥自身优势。一个品牌的发展目标和战略部署都可以成为被学习的内容，但是实际能力却更值得被深入了解。当品牌掌握了竞争对手的实际能力后，会对对方有一个比较清晰的认识，同时也能够摆正自己的位置，从而踏实地设计品牌、发展品牌。

第三节　制定营销策略

企业在确定目标客户、分析竞争对手后，会对品牌的后续发展做出较为准确的判断，这时是制定品牌营销策略的最佳时机。制定出合适的营销策略，就能够精准地对标目标客户的需求，也能够有准备地应对竞争对手的挑战。通过制定品牌专属的营销策略，企业能够提供给客户个性化的体验，让消费者感受到品牌给予的尊重与重视，以此提高品牌的美誉度。

品牌制定营销策略需要考虑到方方面面，主要包括品牌目标市场、品牌产品定位、品牌定价方针、品牌促销方案、品牌形象推广和品牌渠道策略。

第一，企业应该确定品牌面向的目标市场，针对目标客户需求、消费者偏好等因素，制定合理的营销策略；

第二，企业应该重视品牌产品定位，将品牌产品与相同或相似产品做出区分；

第三，企业应该确定品牌的定价方针，结合产品质量、市场环境等诸多影响因素制定合理的价格表单；

第四，企业应该准备多种促销策略，不同的品牌产品、不同的经营环境，都需要提前安排合适的促销方针；

第五，企业应该积极开展品牌形象推广活动，通过实际行动不断地提高品牌的知名度、增加品牌的营销范围；

第六，企业应该选择适当的销售渠道，使得品牌的营销力度最大化、盈利程度最优化。

第四节　重视持续优化

品牌成型对企业来说犹如吃下一颗定心丸，但是这既是品牌建构的结束，也是品牌发展的开始，如果想要品牌能够一直维持热度，持续性的优化工作必不可少。企业的运营结构在变化、消费者的需求也在改变，这对品牌来说都是动态的考虑因素，可以将这两个因素提炼为内部因素与外部因素。

企业内部的变化是影响品牌发展的内在因素。第一，经济是品牌发展的动力，企业营销品牌的同时也要重视产品的质量，保证能够有稳定的客户与收入，从而为品牌的发展提供源源不断的资金支持；第二，人员是品牌发展的推力，科技与信息的支撑都离不开人的思想，品牌的发展需要企业每一位员工共同努力。

　　企业外部的因素对品牌的发展影响颇大，因为如果对外部环境了解不足，很有可能会限制品牌的发展。一方面需要了解竞争对手的品牌发展情况，拥有危机意识，明白故步自封只会让苦心经营的品牌逐渐被淘汰；另一方面需要了解行业环境下的品牌发展要求，以顺应市场的发展而发展，使自己的品牌更加有机会掌握发展的要义与重点。

第五章　品牌文化价值主张

　　一个企业建设品牌最想要达到的效果就是明显的品牌文化价值主张，一个有文化价值主张的品牌，具有直达人心、吸引客户的作用。文化价值主张是品牌文化的点缀，能够吸引消费者的注意，让消费者能够破开外表看内在，从情感上认可品牌、信任品牌。凝炼品牌的文化价值主张，可以赋予品牌独有的魅力，使得企业的品牌具备别具一格的特色与优势，这是建设成功品牌的关键之处。

第一节　认识价值主张

　　价值主张是指产品对消费者的意义，是对消费者实际需求的概括描述。明确品牌文化的价值主张，就可以为了解客户需求细节做铺垫。品牌文化价值主张是品牌文化的核心内容，象征着企业对目标客户的价值回报。品牌文化的价值主张可以通过品牌愿景、品牌价值观等多方面的内容体现。企业确立品牌文化价值主张，目的是吸引更多的消费者。确立价值主张主要体现在确定目标客户、突出核心价值和强化品牌故事几个方面。

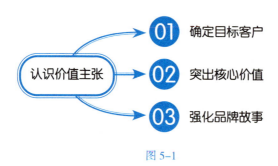

图 5-1

一、确定目标客户

　　企业需要明确品牌的受众群体，通过对目标的调研与分析，了解消费者的需求与期望，从而确定适合他们的文化价值主张。不同消费者的文化认知与文化需求是不相同的，甚至是天差地别，所以企业不能想着兼顾所有消费者的需求与喜好，进行市场细分的实际目的不是划分消费者，而是为品牌进行市场定位。纵观整个经济市场，几乎没有哪个企业的品牌文化价值主张能够获得所有消费者的认同，企业想要发挥品牌文化价值主张的作用，首先就需要确定自己的目标消费者。

　　某店铺的销售品是粽子，其地理位置处于北方，因为发现所在区域有不少南方人，所以想要尝试销售南方人喜欢的咸粽。在尝试初期，该店铺推出了不同口味的咸粽，收获了不少的客流量，店铺收益持续上升。

　　随着销量的增加，店铺老板已经不满足原有的增长趋势，又想打开甜粽的消费市场，于是开始同时做两种口味的粽子。

　　但是一段时间过后，该店铺的销量反而下降，老板十分着急地询问了原来的部分客户，对方表示自己购买粽子吃的是家乡的感觉，老板推出甜粽后，使得店铺的文化特色逐渐被弱化，也就没有想要购买的欲望了。

　　从上述案例中可以看出，消费者看重的不仅仅是店铺粽子的味道，更重要的是店铺的文化主张能够满足自己的情感需求，是产品具备的文化价值主张吸引了客流。

二、突出核心价值

　　企业的品牌文化价值主张应该突出品牌文化的核心价值，也就是品牌独有的优势，突出品牌文化的价值主张可以强化品牌在消费者心中的印象，提高品牌的知名度。

某企业提供的产品是日用品，为了细分产品的目标市场，该企业建设品牌时强调的文化基调是"懒人必备"，旨在生产一系列便捷性的产品满足"懒人"的需求。企业品牌的所有产品都在具备产品基础功能的同时增设了一项满足"懒人"需求的功能，其中销量最好的产品有解放双手的手机支架和节省下床时间的长臂抓夹。

解放双手的手机支架只是可以挂在脖子上且能固定手机的支架，消费者行走在路上、坐在座位上，都无需用手举着手机。

节省下床时间的长臂抓夹成了不少大学生的"宿舍好物"，一些睡在上铺的学生可以使用这个抓夹拿放稍远距离的物品，不再需要多次下床，也无需劳烦室友。

从上述例子中可以了解到，该品牌的核心价值在于"懒人"专备，通过满足消费者的"惰性"需求，获得对方的认可，从而提高消费者对品牌的信任度和忠诚度。

三、强化品牌故事

品牌故事与品牌文化具有密切的联系，是传递品牌文化价值主张的重要载体，通过饱满感人的品牌故事，企业能够让消费者更加深入地了解到品牌的文化和价值观，使他们与品牌在情感上建立联系。强化品牌故事，企业应该明确品牌故事如何创设和形成，并让品牌故事真实、饱满和有情绪价值。

图 5-2

1.品牌故事必须真实

要求品牌故事真实,不是百分之百的现实,这里的真实是指故事的感染力,要让消费者在了解品牌故事后产生真情实感。品牌故事不是随意搬运或编造的产物,而是特定的场景、特定的事件和特定的情感的集合,旨在营造引人入胜的效果。

2.品牌故事应该饱满

品牌故事需要有条理和戏剧性,平淡无奇的故事无法引起消费者的兴趣。众所周知,消费者如果能被品牌故事所吸引,才有可能产生购买行为。为了能够使品牌故事丰满,企业需要为故事设置跌宕起伏的情节,以此吸引消费者深入地了解品牌的文化与内涵。

3.品牌故事要有情绪价值

品牌故事要牵引消费者的情绪,通过与消费者的某种情绪产生共鸣而吸引对方,幽默风格的故事可以给消费者带来快乐,伤感风格的故事也可以让消费者感动。当品牌故事为消费者带来的情绪价值足够触动对方的某种情绪时,消费者就可以与品牌所蕴含的文化与内涵产生共鸣,从而能够更加认可品牌。

第二节 价值主张的重要性

认识到价值主张的作用后,企业必须肯定它对品牌文化塑造的重要性,价值主张代表着消费者购买产品的理由,而消费者在确定品牌产品能够为自身带来符合要求的价值时才会产生购买行为。在企业强化品牌文化的时候，价值主张是一切行为的出发点，品牌文化润色品牌，品牌产品服务客户，所以要将品牌文化所能提供的价值与客户的需求相匹配。企业的品牌文化越贴近消费者的喜好，就越能够满足消费者所期望的价值，从而能够为品牌吸引并稳定客户。

然而，品牌文化的价值主张不是企业，不是品牌，也不是产品，而是其背后的价值。企业如果一味地强调品牌文化的优势，而不去关注消费者的真实需求，也会陷入"独行"状态，使消费者无法理解和共情品牌文化。

消费者之所以会被企业的品牌文化所吸引，是因为自己所认可的品牌文化能够为自身创造预想的价值。

张先生想要送一位长辈一份令对方满意的礼物，由于对方的经济条件很不错，所以不能从礼物价格入手。了解到这位长辈平时最大的爱好就是品茶和收藏茶，于是张先生决定投其所好，为他选择了一款有特色的茶作为礼物。

经过一番对比，张先生终于确定了一款茶叶，所选品牌主要营销高涵养的品牌文化特色，考虑到这种品牌文化与长辈很相配，所以才选择了这款茶叶。赠送了茶叶后，长辈果然非常喜欢。

分析上述案例可知，作为消费者，张先生看重茶叶品牌的文化内涵，其中原因不是因为品牌文化本身有多么重要，而是品牌文化能够为自身带来想要的价值。张先生想要让长辈满意，最终实现了预想目标，体现了品牌文化价值主张的作用。

第三节 价值主张的提炼方法

品牌文化价值主张能够让消费者清楚地记忆品牌，通过获得消费者认同来发展品牌。在品牌建设与发展的过程中，企业需要重视品牌文化的形成，让品牌文化承载价值主张是很必要的做法。企业如果想要提炼品牌文化价值主张，可以从物质属性、情感属性以及物质属性与情感属性同步三个角度采取措施。

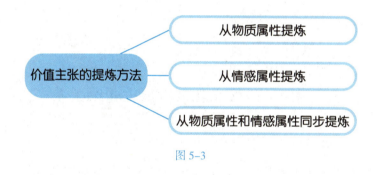

图 5-3

一、从物质属性提炼

如果消费者仅仅看重产品提供的实际价值，产品的物质属性就是品牌文化价值主张的主要提炼方向。比如消费者对护肤产品有固定的物质需求，选择产品是因为看重产品的功能，所以不少品牌将产品功能视为价值主张，例如有些护肤品品牌强调"美白"，也有些护肤品品牌营销"除皱"。

二、从情感属性提炼

在产品同质化明显的今天，品牌如果想只通过物质属性来增加竞争力显然不现实，这使得从情感属性中提炼价值主张成为主流方向。同时，随着消费者生活水平的提高，从精神上获得满足成为更加突出的需求，从情感属性提炼价值主张已成为消费者认可品牌的关键途径。

三、从物质属性和情感属性同步提炼

从物质属性和情感属性中同步提炼价值主张是难度较高的一种方式，但是也是效果最为明显的一种方式。如果产品既具有物质价值又蕴含情感价值，那么就可以满足消费者多方面的需求，从而提高品牌的认可度。

第四节　品牌文化与价值主张的关系

品牌文化代表着品牌的内涵，价值主张则代表品牌的价值，品牌文化是价值主张的载体之一，两者之间有着紧密的联系。无论是品牌文化，还是价值主张，都是基于客户而存在，没有消费者的认可，品牌文化会失去作用，价值主张也无法体现。总的来说，品牌文化与价值主张之间存在着单方面的伴生关系，强化品牌文化的目的是更好地体现价值主张，品牌文化仅仅是价值主张的载体之一。

第六章　品牌形象设计

　　消费者购买产品的初衷是产品功能能够满足需求，但是随着市场环境内产品数量趋于饱和，吸引消费者已经不能仅仅靠产品的功能，同时也需要品牌来提供附加值。在竞争异常激烈的市场环境中，品牌已然成为消费者选择产品的重要依据，因此，设计品牌形象也成为至关重要的一项工作。企业在设计品牌形象的时候，需要重视五个要点：其一是品牌形象宣传的功能要满足客户需求；其二是品牌要与市场环境相贴合；其三是品牌要体现产品的独特之处；其四是品牌要蕴含企业文化；其五是品牌理应同等重视理性与感性。

第一节　品牌功能满足用户

无论处于哪个时代，企业家都需要明白一个十分现实的道理，那就是社会的发展就是时代的更替、技术的翻新。在产品竞争激烈的情况下，企业都在寻求能够独树一帜的方式，此时品牌营销理念应运而生，然而正确的品牌营销绝不是胡乱的宣传，而是需要尽可能地贴近产品的真实情况。

企业设计品牌形象就是为了能够有可用于宣传的实体，所有品牌产品就是品牌宣传的主体，那么企业设计的品牌形象应该和产品的功能相结合。品牌的功能需要满足客户的实际需求，客户的需求是变化的，那么品牌的功能也应该随之变化，为了能够持续地满足客户需要，企业需要做到快速更迭产品、持续输出内容、及时应答反馈和保持社群活跃。

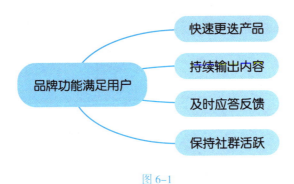

图 6-1

一、快速更迭产品

品牌的形象分为精神形象和包装形象，精神形象是品牌的内核，不能随意改变，但是包装形象是品牌的外显，能够通过不断改变来迎合消费者的需求。从产品入手设计品牌形象，企业可以就产品的文案介绍和细节设计等方面进行更新，通过贴合互联网时代的热点，让消费者感觉到产品与品牌的亲切感。

二、持续输出内容

产品的内容信息也需要不断地更新，这不仅包括产品本身的介绍，还包括产品信息的公布渠道。试想，一个产品一直没有信息更新，那么消费者就无法从中获得新颖的体验，久而久之就会对产品失去好奇心，而缺乏好奇心往往是客户忠诚度下降的一个信号。另外，产品信息即便更新了，如果企业不重视信息公布的渠道，再具有吸引力的产品信息也无法被更多的消费者知晓，产品的市场也会受到限制，从而影响产品的进一步宣传。

某护手霜品牌营销的产品功能是防止皮肤干裂，精准定位到一些气候干燥、寒冷的地区，但是因为产品的味道不是特别吸引人，所以总会流失一部分客户。

为了能够获得更高的客户认同，该品牌经营者决定更新产品的味道。在进行了一段时间的市场调研后，得出的结果显示大部分客户很喜欢花香，并且对茉莉花香、菊花香等味道非常钟爱，所以品牌方决定推出新的产品类型——花香系列护手霜。

在产品信息更新后，几个线下门店的客流量确实增加不少，但是品牌经营者总觉得信息的宣发力度不足，和企业内部宣传部门商量后发现缺乏线上信息宣传渠道，于是花费资金在部分短视频APP上推广了产品信息。品牌的信息一经推广，果然吸引了一大批客户的注意，使得品牌的销量实现了大幅提升。

从产品生产到产品香味更新，再到产品香味更新信息的公布，该品牌经历了有关产品内容的一系列输出，我们可以发现产品信息更新与产品信息宣传渠道更新都很重要。

三、及时应答反馈

消费者作为产品的使用者，拥有足够的产品评价权，同时给予的评价也非常准确，企业应该重视消费者对产品的认知与评价。企业关注消费者感受的同时也要及时应答反馈。这可以从两个方面体现，一方面在接收到消费者意见与评价后，企业能够根据评价及时采取可行的措施更正问题、改善产品，为消费者提供体验感更好的服务；另一方面对消费者及时做出反应，充分展示出企业对客户感受的重视，维护消费者对产品与品牌的忠诚度。

四、保持社群活跃

比起单个消费者，社群消费者的需求更受企业的重视，因为社群中个体的消费需求会受群体的想法影响，少数消费者的认同很有可能引导更多消费者的认同。或许在不久的将来，社群会成为市场细分的参考关键。受信息关联性的影响，越来越多的消费理念会受"人际圈"的影响，企业需要发展并关注这方面的信息与情况。想要从社群入手，企业就需要关注不同社群的文化与思想，了解社群成员聚集到一起的原因，将大家的共同点作为突破口，从而保证策略的有效性。

第二节　品牌处于市场之中，更要融入环境

重视品牌发展是为了超越竞争者，但是发展节奏需要根据环境而定，处于市场中的品牌，在保持自身特性的情况下，也应该尽可能地融入市场。如何设计符合市场需求的品牌形象，是企业在打造品牌形象过程中首先要思考的问题，这时候应该从三个方面掌握信息——首先需要了解目标客户和市场环境，其次需要确定品牌营销的核心价值，最后需要保证品牌形象全程一致。

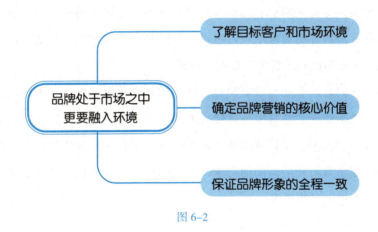

图 6-2

一、了解目标客户和市场环境

在设计品牌形象前，企业需要明白品牌的形象是在市场环境内展示给目标客户的，所以应该了解目标客户和市场环境。

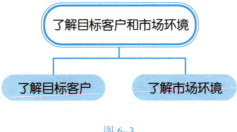

图 6-3

1.了解目标客户

不同的目标客户有不一样的消费理念和消费需求，企业了解目标客户是为了尽可能地满足更多消费者的需求。

想要满足更多消费者需求首先可以从增加品牌服务种类方面努力，因为众多消费者的需求不同，所以品牌应具有更多的服务与功能，这样才能更大概率地满足更多消费者的需求。

与此同时，企业也需要明白一味地增加品牌服务种类并不是理智的做法，过于烦琐的品牌服务可能会给消费者带来困扰，此时就可以从寻求共性方面入手。所谓寻求共性，是指深入了解目标客户群体后，企业需要确定多数消费者共同的需求，针对这些共同需求设计品牌形象，从而满足大量客户的需求。

2.了解市场环境

市场环境可以在大方向上影响品牌的定位与营销，所以企业还需要清晰地了解市场环境并进行细致的市场分析。企业在设计品牌形象的时候，需要知晓独具风格并不是特立独行，应该在市场环境内设计品牌的特色，而不是独立于市场而存在。例如，想要在时尚行业发展，品牌形象就应该创新、时尚；想要在体育行业发展，品牌形象就应该舒适、耐用。

二、确定品牌营销的核心价值

品牌形象需要体现出品牌想要营销的核心价值，否则设计出来的品牌形象缺少灵魂，很难展示出品牌独有的内涵。品牌营销的核心价值是承载着品牌的基本信息，需要通过形象、颜色、文字等来体现。

某运动品牌想要营销的核心价值是运动能够让人充满活力、能够给人带来情绪释放。企业在设计品牌形象的时候需要鲜活有力、清晰自然，所以主要选择了红色、绿色等鲜亮的颜色，文字表达也很热烈，图案选择较为灵动多样，旨在体现品牌营销的核心价值。

品牌形象对企业来说也是摸索营销策略的一个环节，需要将品牌的核心价值外显，让消费者直观地感受到品牌存在的意义，这样才能够快速地吸引消费者的注意。

三、保证品牌形象的全程一致

强调品牌形象的一致性是指品牌展示在消费者的视野内的形象价值是不变的，外观或许可以有变化，但定位与实质不能矛盾。品牌设计的形象是外显的，是要展示给消费者的，为了能够扩大品牌的营销范围，企业难免会选择多种宣传和推广渠道，那么就需要保证所有渠道展示的形象一致。另外，品牌形象的长久一致性能够帮助品牌稳定自身独特性，使得许多竞争品牌无法效仿自身的特色。

某饰品品牌营造的品牌形象是小众、个性的，受到很多小众爱好者的认可，他们时刻关注品牌产品的持续更新，品牌赚取了不小的利润。

随着利润的增加，该品牌逐渐不满足于眼前的利益，认为大众品牌的定位收益更高，所以开始尝试改变品牌形象，从小众逐渐转变为大众，于是选择在部分推广渠道营销大众产品。但是大众品牌太多，竞争激烈，该品牌一直无法真正地突破。同时因为不同推广渠道营销的品牌形象不同，导致许多消费者不能真正认识品牌，对品牌产生望而却步的态度。更糟糕的情况是原本的客户也出现大量流失，因为消费者已经无法从该品牌旗下找到自己爱好的小众饰品了。毫无意外的，该品牌进入了发展的瓶颈期，不仅没有获得高额利润，反而亏损不少。

在发现问题后，品牌管理者了解到根源所在，果断放弃向大众市场进发的想法，继续营销自己小众的品牌形象。一段时间后，该品牌终于重新步入正轨，吸引新客户的同时也留住了不少老客户。

第三节　品牌要挖掘产品唯一特性

关于品牌的形象，能够引起消费者特别关注的往往是一些"人无我有"的东西，也就是说区别于竞争者的特性更能够吸引消费者的注意。为了能够利用产品的特性来吸引消费者，企业就需要付出努力去挖掘属于产品的唯一特性，很多企业对产品的特性认知还停留在产品本身。在竞争异常激烈的今天，很难有一个产品拥有竞争产品不具备的功能，在无法从产品自身挖掘特性的情况下，企业可以从产品技术、产品产地和产品市场几个方面进行挖掘。

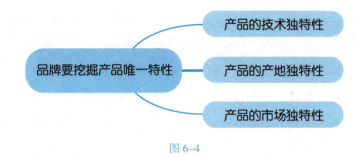

图 6-4

一、产品的技术独特性

独特的技术可以赋予产品独特性，增加品牌的竞争力，从而润色品牌的独有价值，帮助它在市场内占据相应的地位。凭借着生产技术的独特性，品牌可以比较稳定地矗立于市场内，在创新的过程中也更加有底气。

《海绵宝宝》是很多人的童年回忆，其中让人记忆深刻的一条故事线是痞老板一直想要获得蟹老板的蟹黄堡配方。这个配方就是蟹老板的独特产品技术，痞老板之所以想要偷窃这个配方，不就是看重蟹黄堡独特的技术所带来的利润吗？虽然这只是一部小小的动画片，但是也可以从中理解到产品的独特技术的重要作用。

二、产品的产地独特性

在条件允许的情况下，企业应该为品牌产品"挖掘"一个标志性的"归属地"。当一个产品被标注上独特的产地时，会在无形之中提高品牌认可度。为了保证产品产地宣传内容的真实性，使品牌形象更具有说服力，企业需要对产品进行较为详细的说明，将产品特性与地方特色融合在一起。

　　某地的"正宗产品"往往更能够吸引消费者的注意并获得消费者的认同。比如内蒙古的牛肉干、新疆的奶制品、山西的刀削面、北京的烤鸭、天津的麻花等。这些特产之所以能够吸引不少客户，主要原因就在于消费者对其产地有高度的认可，肯定产地的同时，也愿意消费相应的产品。

三、产品的市场独特性

　　市场细分是随着经济发展而逐渐产生的概念，并不是说市场是一种被细分的固定的形式，如何细分市场由每个企业自主决定，所以企业可以基于市场定位来设计品牌形象。企业首先可以根据自身意愿将经济市场进行细分，确定好产品对应的目标市场后，根据市场需求设计品牌形象，从而进行定向营销。

　　前两年受大环境影响，不少学校为了能够保证学生按时完成课业，纷纷选择利用线上形式授课，此时出现了诸多的线上授课平台，这些软件基本都是精准定位校园课程。在满足学生上课需求的同时，不少上班族开展线上会议的需求也需要得到满足，于是就出现了不少线上会议软件，这些都是产品的市场独特性所发挥的作用。

第四节　品牌蕴含企业的文化特色

　　品牌是企业无形的资产，能够设计出良好、正确的品牌形象，决定着企业能够获得预想的利润额和发展前景。设计符合企业特色的品牌形象不仅可以宣传企业的品牌，也从侧面展示了企业的文化，所以品牌形象一定要蕴含企业的文化特色。品牌市场的竞争十分激烈，品牌形象的重复度很高，想要让消费者识别出自己的品牌，企业就需要设计出独特的品牌形象，而这份独特性离不开企业文化的支持。

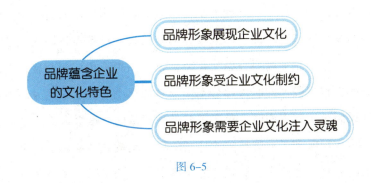

图 6-5

一、品牌形象展现企业文化

　　品牌形象是企业形象的一部分，而企业形象是企业文化的外显形态，那么品牌形象也就扮演着展现企业文化的角色。企业文化是一个综合的、全面的精神支柱，它影响着企业发展的方方面面，包括品牌的运营与发展。

　　企业是一个具象的物质，本身不具备被消费者知晓与认可的价值，需要通过合适的载体来展现风采，而品牌便是其中之一。品牌是无形的，对消费者来说是一个概念，但是品牌可以被赋予形象，从而加深在消费者心目中的印象。企业想要通过品牌来展现内涵，就需要将文化特色融入品牌中，从而辅助品牌形象的设计，使消费者在认识品牌的同时了解企业文化。

二、品牌形象受企业文化制约

因为品牌形象的设计会融入企业文化的特色，所以品牌最终呈现的形象一定会受到企业文化趋向的影响，良好的企业文化能够打造正向的品牌形象。但相反地，不良的企业文化也会成为设计良好品牌形象路上的绊脚石。

品牌形象的设计不是一朝一夕、一时一刻的事情，而是一个逐渐摸索、逐渐渗透的过程。品牌形象设计的全过程不仅有设计，还包括宣传与认同。首先，企业需要根据文化特色设计品牌形象，接下来才进入品牌形象的宣传阶段，此时大部分工作需要依靠企业员工来完成，当企业文化渗透到员工的内心时，员工宣传品牌形象的难度会降低、动力会增加。宣传过后就到了品牌形象的认同阶段，也就是消费者认同企业文化的时候，只有良好的企业文化才能得到消费者的认同，所以融合了良好企业文化的品牌形象能吸引到消费者。

三、品牌形象需要企业文化注入灵魂

没有企业文化，就没有饱满的品牌形象，如果把企业看做是一个人，品牌形象就是这个人的衣着打扮，而企业文化则是它的内涵与修养，外表可以装扮，内在却无法改变。企业文化不仅影响着品牌形象的设计，还决定着品牌发展的未来，可以说，没有企业文化的注入，品牌形象就失去了灵魂。

第五节　品牌的感性与理性不矛盾

在品牌形象的设计中，情感因素发挥着不可忽视的作用，品牌是产品的品牌，产品应该具有理性的功能，但是也应该蕴含品牌特有的无形情感，也就是感性的特征。消费者选择购买产品，不仅是因为产品具备自己所需要的功能，还因为对品牌的情感体验能够满足自身的感性共鸣。成功的品牌形象设计，一定可以做到理性与感性的高度结合，两者虽在定义上是同一维度相反的概念，但是却可以在品牌形象设计中共存。良好的产品品牌在满足消费者理性需求的同时，也会引起消费者内心的情感共鸣，从而让消费者在使用产品时更觉愉悦。

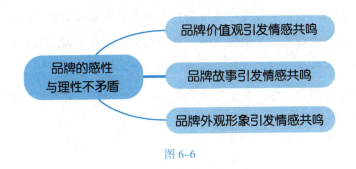

图 6-6

一、品牌价值观引发情感共鸣

每个成功的品牌的独特之处就在于它呈现的形象，而品牌价值观是影响品牌形象呈现的重要因素。消费者在选择产品的时候，不仅看重产品的质量与品质，还会关注品牌的价值观，当品牌价值观贴合自身情感时，消费者更加容易产生消费行为。

二、品牌故事引发情感共鸣

品牌形象可以通过一个引人入胜的故事来呈现，它能够让消费者更加深入地了解与认可品牌，引起自身与品牌的情感共鸣。品牌故事展现了品牌背后的历程，也是品牌文化的体现，能够向消费者传递企业的理念，也可以迎合消费者的情感需求。

三、品牌外观形象引发情感共鸣

品牌的外观形象是展现品牌形象的最直接的方式，可能有些人会认为品牌形象等同于品牌的外观形象。事实上，品牌形象还包括企业营造和宣传的抽象化形象。品牌故事和品牌价值观都属于品牌的无形形象，想要直观地展示品牌的形象，企业还需要认真地设计品牌的外观形象。

在品牌形象设计中，品牌的标志、元素、颜色等都可以成为烘托气氛与情感的内容，企业可以通过整合多种内容来吸引消费者的注意，并逐步地引导消费者产生情感共鸣，从而维持客户对品牌的忠诚度。满足消费者的兴趣爱好也是感性设计的一种方式，所以品牌的外观形象应该具备文字、图形、色彩等多样性的因素，以此保证品牌形象与消费者的需求相互契合。

第七章 品牌设计标准

　　品牌设计是企业很重要的一项营销策略，它一方面可以塑造出企业突出的形象，另一方面也可以提高企业的品牌信誉度。企业的发展依赖于产品的销售量，促进企业发展与进步就需要从提高销量这个角度考虑与出发。提高品牌设计的专业度是增加产品销量的必要手段之一，诸多企业为了规范品牌设计标准做出了很多努力，旨在保证品牌在市场内的知名度，维持品牌形象与产品特性的高度统一。

第一节　品牌设计独具风格

　　肯定品牌的重要性是首要工作，也要重视品牌设计，品牌设计是企业建设与发展品牌的重要任务环节，是企业加强内外沟通的桥梁。标准的品牌设计最能体现企业的独特魅力，能够吸引消费者的注意力。为了能够建构独具风格的品牌，企业在进行品牌设计的时候需要注重细节。能够设计出风格突出的品牌的企业，往往会关注以下三个方面的内容，即精准的品牌定位、吸睛的视觉设计和合理的颜色选取。

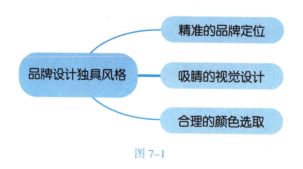

图 7-1

一、精准的品牌定位

　　对企业的品牌进行定位是开展设计工作的第一步，同时也是必要的一个环节，所以一定要做到精准。企业在做出品牌定位后，通常会在开展实质性行动之前了解与确认定位方案是否具有独特性。想要让品牌定位尽可能地一步到位，企业需要考虑品牌产品的特点、目标客户的特性与市场环境的竞争。

图 7-2

1.品牌产品的特点

几乎所有产品都会经历一个比较相似的发展过程，从出现到同化再到异化。出现是指产品因为消费者的需要被生产出来，这个过程中产品的数量有限，能够生产的企业少之又少；同化是指当产品涌入市场后引起较大的正面反响，会有越来越多企业发现产品的必要性，从而选择"跟风"生产，此时产品会从供不应求逐渐转变为供大于求；异化是指当越来越多相似产品投放到市场内，产品的生产商已经没有办法从中获利，放弃产品是少数企业的选择，更多企业会从提炼产品特点入手。

同一产品会具备多种特点，想要兼顾所有特点就需要承担没有突出特点的风险，所以企业会从产品的某一特点出发，在包含其他特点的同时放大某一特点，独属于企业的产品特点也就被挖掘出来了。品牌的特性理应与产品本身息息相关，所以在确定产品突出的特点后，企业品牌的风格就会愈加明显。

饮料是如今日常生活不可或缺的食品，有些饮料甘甜可口，有些饮料味道清淡，有些饮料补充能量……在市场上，很难找到一款可以兼顾所有特性的饮料。有很多销量很好的饮料品牌，它们都是突出一个特点，或甘甜或清淡，这些都是饮料本身的特点。企业在进行品牌设计的时候也会将它们作为参考因素，从而进行合理的品牌设计，利用品牌理念吸引更多的人消费。

2. 目标客户的特性

"一口吃成一个大胖子"的想法在企业发展过程中并不完全适用，能够被所有消费群体都需要的产品很少见，甚至日常的生活必需品都会受消费水平影响而出现高低档次之分。品牌的独特风格应当与企业目标客户的特性相契合，两者之间理应存在"一对一"的关系，即客户需要什么，品牌就营造什么。

消费者在企业的视角中是被划分成各个群体的，为了能够加深品牌的明确印象，企业往往会确定品牌产品的目标客户群体。常见的目标客户群体划分标准是消费水平，但是也有其他的划分标准，包括年龄、兴趣、喜好等，这些可以统称为目标客户的特性。

现今，流行在市面上的美妆、护肤产品比比皆是，但是一个品牌的成功并不代表着一家独大，获得成功的美妆品牌有很多，这些品牌都有一个共同的特点，那就是清楚定位自己的目标客户。以最日常的产品——洁面乳为例，被诸多美妆博主推荐与认可的品牌产品有很多，但是几乎每个品牌都有自己的风格特色。从目标客户的角度出发，消费者的肤质大致可以分为三大类：干性、油性和混合性，不同的肤质适合的洁面产品不同。为了能够精准定位品牌，企业首先会选择针对某一种肤质推出产品，等待发展有所成效的时候才会尝试其他品类的产品，这样可以保证每一个系列的洁面乳都有明确的目标客户，使得品牌的风格更加突出。

3.市场环境的竞争

总体来说，所有产品面向的最大市场一定是大范围的营销环境，但是不同产品所属行业不同，相应的竞争环境也会有所不同。行业竞争越激烈的产品，其品牌愈发难以构建，更别提确立品牌风格了，一定是难上加难。想要设计有特色的品牌，企业还需要融入真实的行业市场，切实地感受市场环境的竞争，才能够从中挖掘出适合品牌的特性与风格。

二、吸睛的视觉设计

品牌的视觉设计也至关重要，它关系到品牌外表对消费者的吸引力，可以说直接地影响着消费者对品牌的认识。为了给消费者呈现出良好的视觉效果，企业在品牌设计的时候需要考虑到品牌标志的元素设计、组成部分的占比大小、不同图案的位置分布。

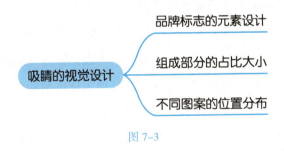

图 7-3

1.品牌标志的元素设计

如果说品牌重在凸显知名度，那么其中关键的显性行为就是设计品牌标志，知名度不仅依靠产品的吸引力，也离不开客户之间的推荐与指导，而能够在客户之间起到提高知名度这一作用的方式就是加强标志印象。试想，一位客户向其他人推荐某个品牌的产品时，口头的传播难以保证记忆程度，当品牌的标志被展示后，它能够在一定程度上加深潜在客户对品牌的印象，从而为品牌积攒大量客户。从标志设计入手，如何能够让客户加深印象是最需要思考与解决的问题，这时候独特的元素融入就成为一个不错的努力方向。比如：某个电子产品的营销主题是不卡顿、高流畅度，那么在设计品牌标志的时候，为了迎合产品"速度快"这一特点，选择了闪电与风的元素，体现出快速与效率的独特风格。

2.组成部分的占比大小

品牌的标志样式对很多人来说并不陌生，产品品牌化的节奏愈发明显，日常中的诸多产品都被冠上品牌，消费者在购买产品的同时也是在购买品牌。品牌的标志各式各样，按照元素的组成形式分类，可以分为单元素和多元素两种。单元素标志是指品牌选择一种元素作为标志，不加其他的任何元素，最终呈现出简约、单一的标志样式。这样的标志形式不需要考虑组成部分的占比大小，但是标志的独特性很难表现出来，对单一元素的选择具有很强的依赖性。多元素标志较之单元素标志更加常见，设计的难度表面上更大，实质上挑战性却更低一些。

选择多种元素组拼品牌标志，就需要考虑到不同元素的占比大小。以常规的看法理解，占比较大的元素与品牌主题更加贴合，占比较小的元素更多发挥的是补充作用，但是无论占比多少，都是标志不可或缺的重要组成部分。合理地安排组成部分的占比大小，一方面可以突出品牌的特色，另一方面也可以提高标志的美观度。

3.不同图案的位置分布

多种元素的占比大小是一方面，如何设计不同图案的位置分布是另一方面，这也是需要考虑的问题。有人表示："不同的图案象征的意义不同，设计出来拼接即可，位置摆放并不重要。"这样的想法很洒脱，却并不正确。随意地设计元素的位置，就如同在一个家具齐全的屋子里，随意摆放家具，尽管东西一应俱全，却给人一种杂乱无章的感觉。

繁杂、无序的品牌标志会让消费者在视觉上产生混乱，品牌设计的趋向是简约大方，虽然允许标志元素丰富化，但是合理设计元素的位置可以让多种元素放在一起时具有整齐划一的感觉。

某服装品牌的目标客户为中学生，为了贴合消费者的性格，该品牌重点宣传"阳光活力、甜美可爱、清新自然"的特点，三个特点的代表元素依次为向日葵、棒棒糖和彩虹与白云。考虑到中学生服装的购买者包括学生本人与学生家长，为了吸引更多客户，该品牌将"阳光活力"作为主元素设计方向，而"甜美可爱"与"清新自然"则作为补充与润色的元素出现。基于这样的理念，代表"阳光活力"意义的向日葵元素被设计在中心位置，代表其他特点的两个元素则分别放在下方和上方点缀。

三、合理的颜色选取

品牌标志的颜色也是抓人眼球的重要部分，能够较为直接地决定消费者对品牌的印象，正确合理地使用颜色可以为标志加分，给消费者带来视觉上的良好体验。品牌标志的颜色没有绝对性，在选取颜色时一定要深入地了解品牌想要表达的理念，与标志元素放在一起综合地考虑。根据元素与颜色的不同组合，可以将颜色选取大致分为四类，分别为单元素搭配单颜色、单元素搭配多颜色、多元素搭配单颜色和多元素搭配多颜色。

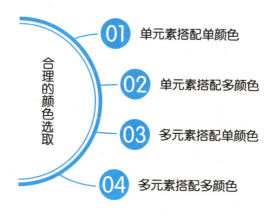

图 7-4

1. 单元素搭配单颜色

不同企业在设计品牌标志时想法不同，有些企业偏好华丽的色彩，但是也有一些企业会追求极致的简约，不仅元素单一，在颜色选取上也较为单一，偏好朴素与统一。单一颜色的选取无非是两种基调，一种是选择素雅的颜色，目的是体现庄重的特点；另一种是选择明艳清亮的颜色，主要是想展现大气磅礴的特点。企业如何选择颜色，需要根据产品的特色、目标客户的需求等多种因素着重考虑，不能贸然地选择与确定。

2. 单元素搭配多颜色

参与品牌设计很考验设计者的创新能力，很多设计者被要求设计单元素标志时思维会被局限住，他们认为单元素标志就应该选择单颜色装饰，这样的认知只会让品牌设计的风格受限。很多企业希望品牌标志具有整体性，但是又不希望太过于局限，这时候就可以选择用多种颜色修饰单独的元素。我们所看到的彩虹吸引人的特点就在于它的色彩，抛开颜色不谈，彩虹的形状仅仅只是一个拱形，并没有多么美丽，但多种颜色的拼接却使得它十分靓丽。同理，单一的品牌标志元素在视觉上会让人觉得整齐，但是并不足以吸引消费者的注意，当单个元素具备丰富的色彩时，消费者才容易产生购买兴趣。

3. 多元素搭配单颜色

有些品牌设计的视觉重点在颜色，有些却在元素，并不是多元素就一定需要有多种颜色搭配，颜色相近或相同的元素同样可以搭配在一起。当多种元素出现在同一个品牌标志里时，选择不同的颜色可以起到突出要义的作用，放大品牌的风格与特色。

某花店的销售种类繁多，但是热门与特色产品是玫瑰花。为了突出玫瑰花所蕴含的火热要义，该店在设计门店标志时选择了玫瑰花与火焰两种元素，而这两种元素的颜色都为艳红色。火红的火焰包裹着火红的玫瑰花，顾客路经店铺都会被这一抹艳丽吸引，这样的品牌标志并没有因为颜色单一而突兀，反而加深了消费者对品牌的印象。

4. 多元素搭配多颜色

多种元素搭配在一起，不同元素选择不同颜色是很常见的一种品牌设计，但是常见不代表不能具有特色，颜色的多种选择能够为设计者提供更大的发挥空间。品牌标志大多追求简约，但是华丽的风格同样存在，少见不代表不可行，勇于挑战就有可能缔造独具风格的品牌。

某个植物观赏园处于良好的地理位置上，一年四季都适合种植相应的花草树木，这使任何时刻前来观赏的顾客都可以看到美好的风景。在建设完成后，虽然硬件设施具备了，但观赏园也面临着巨大的挑战，如何宣传与吸引客户是必须迈出的第一步。为了能够体现一年四季皆可观赏美景的特点，品牌设计者决定选择四个元素代表四季，同时为了达到吸引眼球的目的，每个元素也要选取不同的颜色。春季用绿色的小草代表，夏季用粉色的小花代表，秋季用红色的枫叶代表，冬季用白色的雪花代表。颜色分明、形态各异的四个元素按照季节排序呈菱形样式，没有显得怪异，反而因为多彩的样式格外吸引注意力，很多顾客正是因此而被这家观赏园吸引，从而前来消费。

第二节　品牌设计直观简洁

极简设计是很多企业在设计品牌时选择的一种方案，因为简洁直观的品牌设计不仅可以减少设计工作的复杂度，还可以更加直接地突出品牌的形象。品牌设计中的极简风格是指在产品设计、形象构造、营销方式等方面都追求简洁与直观，这样可以舍弃繁杂的元素、颜色、装饰等。品牌所具备的意义与理念就应该直接传达给消费者，并不需要"拐弯抹角"，企业的品牌设计者必须知道，品牌的设计无需像散文那般含蓄，而要如议论文一样直接。

一、品牌直观简洁的优势

关于品牌设计的想法与做法无非是各花入各眼，不同的人有不同的理念。设计方面的理念没有边界，可以选择繁华美，也可以追求简约美，但一般情况下，越是简单的东西越容易被记住。简约设计的企业品牌容易被消费者记忆，能够增加知名度，同时，简单的设计所需成本也较低，对企业后续的可持续性发展更有帮助。

1. 简约品牌设计的优点

简约的品牌设计是一种简单却不简陋、直观却不突兀的设计风格，通过重点元素象征品牌理念，对消费者与企业来说是一件"双喜"的事情，一方面可以增加消费者对品牌的记忆程度，另一方面可以减少企业对品牌不必要的支出。

首先，从消费者的角度出发，简约的品牌设计风格会减少诸多不必要的元素，也会将重要元素重点突出，以便于消费者更快速、更长久地记住。所以说，简约的品牌设计使得品牌的辨识度增加，突出品牌核心重点理念与要义的同时，也使得消费者更加容易认识与亲近品牌。

另外，选择简约的品牌设计风格，企业最终呈现的品牌样式一般比较素雅，要素简单的同时颜色也不会华丽，在材料使用与颜色配用方面比较节约，因此可以减少企业的资金投入。并且，简约的设计对于设计人员来说难度通常较低，能够减少诸多的精力浪费，也可以为企业降低人力成本。

2. 简约品牌设计的特点

在市面上，可以看到很多简约风格的品牌设计，因为比较常见，所以可以借鉴的范围较广，这对品牌设计者来说是一把"双刃剑"，既可以有更多的选择，也容易迷失方向。经过较长时间的观察与总结，可以归纳出简约品牌设计的几个特点：

（1）简约品牌设计比较"干净"

简约的品牌设计在标志制定的过程中偏好简单明了的线条与图形，追求清晰与干净，所以在排版方面也比较简单。由于太多颜色的碰撞会增加厚重感，所以品牌设计会选择较少的颜色种类作为主色调，以此定格消费者的目光，简单的配色搭配简约的字体，多重元素的配合会突出品牌的风格。

（2）简约品牌设计比较"直接"

简约的品牌设计追求直接的理念，表达直观的视觉感受，会尽可能地减少复杂的装饰与细节。当消费者接触到品牌时，能够从外表看到内在，这便是简约品牌设计成果的体现。通过直观简洁的设计风格，设计者能够直接地突出品牌的核心理念，加深品牌在消费者脑海中的印象。

（3）简约品牌设计比较"简易"

简约的品牌设计注重产品的功能以及客户的体验，对于消费者而言，产品多面的功能很重要，简单的操作也很关键。品牌在丰富产品功能的同时，更应该注重功能操作的简易与平衡，为客户提供良好的消费体验，才可以获得更好的评价与认可。比如，近一段时间，有不少消费者吐槽电视机的功能复杂，操作难度增加，制造商在增加功能的同时并没有考虑到客户的需求，不仅导致很多功能受限，还使得不少消费者觉得实用性不高。

二、品牌直观简洁的意义

品牌是一个企业的根基，产品被消费群体记忆的前提是拥有识别性高的标志，而品牌恰好满足这样的需求。与此同时，品牌设计更是品牌标志成型的必经之路。优秀的品牌设计可以为企业树立良好的形象，吸引目标客户群体，将实际工作落实到提高企业与产品知名度和认可度上面。一个成功的品牌设计不仅要清晰传达出企业的文化与理念，还要通过简洁大方的特点加深品牌在消费者心中的印象。

太过冗长的品牌设计可能让消费者感觉云里雾里、不知所云，同时，过于复杂的品牌设计也可能让设计者倍感压力，影响设计的效率。对于很多连锁型企业、合作型企业来说，简约的品牌设计也可以统一不同销售区域的品牌认知，保持企业与品牌形象的一致性。总的来说，简约的品牌设计可以有效地提高企业品牌在市场环境中的竞争力，为企业节约成本的同时也可以提高品牌认知度，是一个非常有利且明智的选择。

第三节 品牌设计吸引眼球

品牌不是企业的必备因素，但是能够长久发展的企业一定离不开品牌的辅助，品牌被认为是企业的灵魂所在和形象体现。一个发展趋势很好的品牌必然十分重视用户的感受，所以品牌设计必须做到吸引眼球，能够帮助企业在竞争中生存与成长。如何让自己的品牌更具吸引力，这是处于品牌设计阶段的诸多企业急需解决的问题。观察很多品牌设计成功的企业，可以发现视觉印象、品牌价值与用户认可是必须考虑的设计因素。

图 7-5

一、加深视觉印象

良好的品牌设计大多具有简约且不普遍的视觉元素，包括字体、图形、颜色等，这些元素可以单独使用，也可以混合使用，企业完全可以结合产品设计。具有明显视觉效果的品牌设计，相比于竞争者而言更具优势，因此可以给消费者带来一定的视觉冲击与刺激，从而加深他们对品牌的印象。

二、体现品牌价值

视觉上的效果可以吸引消费者注意、加深消费者印象，而品牌的价值则是维系消费者忠诚度的关键。好的品牌不仅销售产品与服务，还要输出文化内涵。因为强烈的情感归属，很多消费者会习惯性地选择自己所认可的品牌，这就是企业的固定客源，同时也带来稳定的经济收入。拥有高价值的品牌能够将企业的核心理念、文化内涵与产品特色等诸多的重要信息传达给每一位消费者，最终引起他们的共鸣与认可。

随着网络逐渐发达，某奢侈品牌的名声越做越大，拥有高消费能力的人群当然是品牌的常驻客户，而消费能力偏低的人群也会成为这个品牌的潜在客户。小含量、小体积等诸多产品种类的推出，为很多对奢侈品牌望而却步的消费者有了"窥见真容"的机会。选择奢侈品牌产品平替的人不在少数，但是大多数人还是推崇这个高奢品牌，主要原因在于这些品牌拥有极高的品牌价值，在一定程度可以代表使用者的品位和财力。很多时候，奢侈品牌的产品质量不一定完全高于普通品牌，但是它经过多家企业的冲击依旧屹立不倒的原因就在于品牌价值。

三、获得用户认可

品牌设计不是一个无厘头的项目，在一系列的工作开展前，企业都会做好充分的准备，其中不可缺少的一项工作就是深入目标客户群体进行调研。通过对目标消费群体的重点了解，品牌设计能够确定实际的方向与目标，从而满足客户的实际需求，并获得他们的高度认可。相比于外观与名誉的吸引，亲身体会更为直接，当消费者有了良好的体验感后，自然会认可品牌，也愿意成为品牌免费的宣传者。

某箱包企业自成立以来一直苦心钻研箱包业务，在其他竞争企业向其他领域扩张的时候，该企业仍保持初心。因为长久却专注地投入箱包行业，企业获得不少客户的认可，为了能够做大做强，该企业决定设计属于自己的品牌，以此来满足消费者更多的需求。企业市场部成立专门的调研小组，小组成员采用不定时的方式深入消费者群体内询问需求，最后得出结论：不同的场合着装不同，不同的服装需要搭配不同的箱包。在了解到客户的需求后，该企业的品牌设计理念重在体现包包的细致分类，后续在稳固原有客户的前提下也吸引了很多新的客户，品牌设计取得了不错的成效。

第四节　品牌设计符合说明

品牌设计就如同梳妆打扮一样，最终设计出来的形象代表着企业与产品。品牌可以通过瞩目的形象吸引客户，但是真正能够稳固客户的还是实际的质量与服务。很多高知名度、高认可度的品牌都始终贯彻着一个共同的理念，那就是做到"表里如一"，不仅要有具备质感的外表，也要有经得起推敲的内在。想要达到内外兼修的状态，品牌设计就需要采取"软硬兼施"的方式，一方面注重品牌的文化内涵，另一方面重视品牌的实用程度，同时也需要顺应时代的发展。

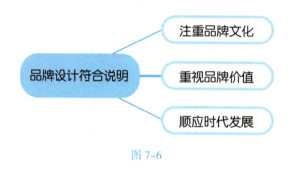

图 7-6

一、注重品牌文化

品牌的文化内涵也就是大家认知的企业软实力，包括企业文化、品牌理念等精神层面的内容，它们承担着传扬品牌文化的重任。消费者如果愿意成为一个品牌的长久客户，品牌的底蕴一定是吸引对方的因素之一，软实力强大的品牌往往更具魅力。企业之所以有宣传品牌的底气，是因为其文化内涵经得起深入探索，表里如一的品牌文化是品牌获得良好发展的必要前提。

二、重视品牌价值

这里的品牌价值主要是指客户对品牌的认知价值，该项数据对品牌的市面价值有直接影响，品牌认知价值越高，产品就越值钱。很多短视频博主都致力于寻找小众品牌，这些品牌的认知度不高，但是产品质量却很不错。之所以品牌不具备较高的知名度，是因为在品牌设计者的观念中质量代表价值。其实，从品牌价值的角度分析，价值包含质量，质量并不等于价值，消费者看重质量的同时，更愿意选择知名度高的品牌，甚至很多时候只关注知名度而忽略质量。

某国外高奢品牌发生过一起特A级赝品包事件，该品牌的专柜销售员为了获得高额利润，用特A级赝品充当正品销售，在此期间获得了巨额的利润，但最后也受到了相应的处罚。该事件虽然已经处理完毕，但是后续的影响很大，让很多人倍感惊讶，有不少人震惊于赝品居然可以用这种方式卖出高价。通过更加详细的了解与调查，发现市场上这样的赝品代替正品销售获取暴利的事件不在少数，当然，这也从侧面反映出品牌认知价值的重要性。

三、顺应时代发展

品牌的发展一定是与时代并列的，独立于市场环境之外的做法注定会被市场排斥，所以品牌设计必须顺应时代的潮流。对于如今的消费者来说，产品的样式与品牌有很多，可以做出的选择也就更多，所以他们会偏好于新颖的感受，新的体验便可以吸引到更多的客户。顺应时代潮流是很多企业打出的口号，但是实践难度很高，于是有不少企业打着创新的由头，做着换汤不换药的品牌设计，这完全脱离了品牌设计需表里如一的理念。针对这一问题，企业就需要循序渐进地进行品牌设计工作，在清楚品牌实力的情况下宣传设计理念，根据品牌定位完成相应的创新，让消费者感受到品牌的真实性。

第八章　品牌设计环节

　　品牌设计就是帮助品牌树立鲜明独特形象的设计环节，主要包括品牌形象策划、品牌服务设计、品牌渠道推广、品牌后台服务、品牌创新研发五个方面的内容。企业之所以选择设计品牌，是因为品牌设计可以有效且快速地提高产品的知名度，对企业与品牌的发展有明显的促进作用，能够帮助企业在激烈的市场竞争中获得主动权。

第一节　品牌形象策划

经济市场的竞争越来越激烈，任何一个企业都需要在竞争中生存与发展。在产品溢出的时代，品牌成为消费者选择产品的重要依据，品牌被认为是消费者身份与品位的象征，这使得品牌形象策划愈发重要。品牌形象策划主要包括三项内容，分别是品牌标志设计、品牌产品包装和品牌文化建立。

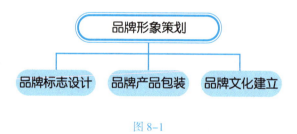

图 8-1

一、品牌标志设计

品牌标志也就是人们口中常说的"logo"，看起来只是一个图案，实际上却具有很高的价值，代表着企业与品牌的形象，也是消费者辨别产品的依据。品牌的标志一般包括字体、图形、颜色等，这些要素都需要仔细选择，同时，图案的分布也很重要，不同图案之间的间距也会影响标志的美观度。企业设计品牌标志时不能简单地绘制一个图案，而是需要根据品牌的特色与个性进行认真的设计，重视每一处细节，力求完美。

二、品牌产品包装

产品的包装是吸引消费者的第一要素，在不清楚产品质量与价格的情况下，消费者首先会被产品的包装所吸引。作为组成包装的一部分，品牌形象是最重要的内容，企业一定会在包装上放置品牌形象，从而加深消费者对品牌的印象。品牌包装的作用不仅仅是盛放产品，企业花费成本设计包装的目的就是为了区分品牌，让消费者能够通过外包装识别品牌。

三、品牌文化建立

同样的一个产品，不同的品牌的销量与客流量并不相同，其根本原因在于品牌的吸引力不同，吸引消费者的一大因素就是品牌文化。很多时候，消费者产生购买行为，不仅仅想要购买产品或服务，也想品味文化或内涵，此时品牌文化就起到了至关重要的作用。缺乏品牌文化的企业，很难禁得起消费者的深度剖析，当消费者感受不到品牌的底蕴与内涵时，就会轻易地丧失对品牌的兴趣，而失去兴趣正是消费欲望下降的前兆。品牌的形象与品牌的文化是一体的，拥有文化才可以设计出有质感的品牌形象，才能让品牌有长远的发展。

第二节 品牌服务设计

市场环境竞争愈发激烈的今天，消费者的需求不断发生变化，仅仅依靠产品质量与服务已经无法满足消费者的需求，品牌服务设计成为企业增加竞争优势的重要手段之一。品牌服务设计是从消费者的视角出发，根据消费者的期望与需求，设计品牌的服务方向与服务内容，旨在向消费者表达尊重与在乎，并为他们提供服务。

一、品牌服务设计的任务

品牌形象的建构对企业来说至关重要，它直接影响着消费者对品牌的印象，甚至决定了消费者的信任程度。品牌服务设计是体现品牌形象的重要举措，要求企业必须从消费者的角度思考问题。就消费者的需求而言，在售中得到良好的服务必不可少，而售前的咨询服务与售后的反馈服务也同样重要。

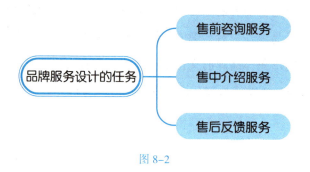

图 8-2

1. 售前咨询服务

消费者在购买品牌产品之前会了解相关的情况，为了能够为消费者提供足够的便利，企业需要设置专门的售前咨询服务。

某线上服装品牌设有专属的售前咨询触发系统，针对消费者咨询频率较高的问题作出具体的回答，一旦消费者咨询话题触发关键词，就会立马回复客户信息，不仅节省了人工成本，也能更快地满足客户需求。

2. 售中介绍服务

消费者在意向购买与购买之间有一段思考时间，在这期间需要对产品有更详尽的了解，企业就需要有专门的介绍与引导服务。

某品牌会在客流量较大的商城租赁柜台，当有消费者进店浏览产品时，会有专业的店员进行讲解与引导，防止消费者因为不了解产品而取消购买行为。另外，店员的服务范围需要有限度，很多时候消费者更偏向于安静地选购产品，如果店员过多的解说反而会引起消费者反感。

3. 售后反馈服务

很多企业会认为只要产品销售出去就完成了任务，然而客户的维护还需要有完善的售后反馈服务体系。当消费者对产品有意见时会向企业反映问题，企业这时候就需要及时地做出回应，所以也需要有专门的售后反馈服务设计。

某品牌的产品质量与同行没有明显差别，在价格上却会稍高于其他竞争者，但是该品牌的销量却没有受到丝毫影响。看到该品牌发展得如此之好，有不少品牌想要学习其经营技巧，于是对该品牌的客户进行了有偿访问，经过了解才知道大部分的消费者看中了这一品牌的售后服务态度。无论消费者有怎样的售后意见，该品牌都会及时且认真回复，对于有效的可行意见，该品牌也采纳了，使得消费者的体验感一直在提升。

二、品牌服务设计的目的

品牌发展需要有较高的知名度，品牌知名度是一个上下波动的系数，如果维系不当就可能让品牌知名度在短时间内下降，而维系品牌知名度需要较高的满意度与忠诚度。进行品牌服务设计的目的就是为了提高品牌的满意度与忠诚度，它要求企业从消费者的角度着手设计，旨在让消费者有更好的消费体验。

企业可以通过调研的方式深入了解消费者的个性需求和消费习惯，这样在品牌服务设计环节便可以打造出符合消费者需求的服务体系。品牌服务体系包含的内容有个性的产品推荐设计、舒适的消费环境布局、简单易操作的消费流程等，通过全面地设计品牌服务体系，满足消费者理想中的消费体验，从而有力地提高品牌忠诚度与满意度。

三、品牌服务设计的优化

品牌服务设计贯穿了品牌发展的始终，需要与品牌发展同步，随着品牌的进化与发展，品牌服务设计也应该持续优化。消费观念随着科技的发展而发生变化，为了满足消费者不断变化的消费需求，品牌的服务设计理念也需要跟着改变。

品牌服务设计的优化也就是各方面策略与技术的创新，创新就需要引入新技术、新方案和新理念。企业需要对外界发展有敏锐的感知，积极接受新鲜事物才能给品牌带来活力与生机。品牌服务设计需要与时俱进，企业在关注经济市场变化的同时，也要留意社会变化，积极地参与公益活动、倡议活动等，让消费者看到企业的责任感，从而能够增强对品牌的认同感。

第三节 品牌渠道推广

渠道推广是一种对品牌营销很有帮助的推广方式，运作的效果直接影响着品牌在市场内的销量与后续的发展。品牌的推广渠道有很多，很多人认为任何一个品牌都不缺乏推广渠道，市场提供给品牌的舞台很大很多，但是并不是所有的品牌都能直接找到合适的舞台，正确地使用推广渠道对品牌来说至关重要。目前，根据不同品牌选择的推广渠道结果显示，渗透式渠道推广、选择性渠道推广和广告媒体渠道推广是最常用且有效的渠道推广方式。

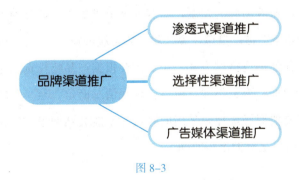

图 8-3

一、渗透式渠道推广

渗透式渠道推广也可以称为全方位的渠道推广，即品牌选择无差别的推广方式，将现有的渠道都利用起来，全方面、全方位地推广与营销品牌。这种渠道推广方式在策略制定阶段较为省力，只用将掌握到的渠道都进行宣传投放即可，但是它消耗的成本也比较高，需要为所使用的每一个渠道都支出费用。

使用渗透式渠道推广需要企业有足够的实力，无论是渠道推广费用，还是运营渠道需要的人员数量，对企业来说都是一个很大的挑战，通常只有底蕴深厚的企业才具备相应的组织能力。同时，因为使用的渠道很多，所以面向的消费者群体很多，消费者越多就证明消费需求越多，那么适用这种渠道推广的品牌应该是大众普遍需要的产品。

二、选择性渠道推广

选择性渠道推广是指在进行渠道推广工作之前，企业需要慎重选择适用的渠道，对于一些成本大、获利小的渠道就可以适当摒弃。选择性不仅体现在渠道选择初期，在品牌发展的过程中，企业也需要进行阶段性的选择。随着品牌的发展，原有的渠道可能不足以支撑大数量的推广，此时需要增加推广渠道，那么就需要再次选择。

应用选择性渠道推广方式，企业需要根据产品特性选择渠道，不同的产品适合的推广渠道不同，所以应该视情况而定。至于阶段性的选择工作，则需要把握好选择与采用的时机，不能突然增设推广渠道，要为品牌推广者留有足够的准备时间。

三、广告媒体渠道推广

广告媒体渠道推广是一种预热型的渠道推广方式，为了根据广告宣传的效果决定产品数量，广告渠道推广工作会先于产品投放，所以在品牌产品还未亮相的时候广告就已经先进入消费者的视野。广告的影响力与宣传力度具有滞后性，消费者在接收到广告信息后才会产生购买行为，这期间会有一段时间的空当期。

对企业来说，广告上市与消费者购买之间的空当期虽然是比较煎熬的阶段，但是也为企业留出了准备产品的时间，使得品牌投放不至于太过慌乱。为了保证空当期的安心程度，企业在投放广告之前应该对消费者群体有足够的了解，所以需要进行全面的调研，根据掌握到的客户信息有针对性地设计广告。

第四节　品牌后台服务

品牌后台服务是指利用自动化、智能化设备，帮助企业降低人力成本、提高业务处理效率的一项工具。拥有健全的品牌后台服务体系，可以帮助企业很好地处理品牌发展中的所有业务，并且保证数据与信息的准确性，促进品牌行动效率的提高。品牌后台服务具有很明显的优点，能够帮助品牌建立较大的竞争优势，所以企业可以根据品牌的实际情况设计或引入品牌后台服务体系。

一、品牌后台服务的作用

品牌后台服务体系能够记录品牌运营过程中的所有信息与数据，帮助企业处理许多日常事务，例如维护客户关系、分析推广方式、生成利润报告等。同时，如果企业引入第三方应用，品牌后台服务还可以为企业整合适当的发展策略后及时反馈到企业账户，帮助企业及时地了解品牌发展动向与可行的发展方向。总的来说，品牌后台服务能够为企业带来极大的便利，也可以保证所收集的运营信息的准确性。

二、品牌后台服务的优势

品牌后台服务体系的最大优势就是可以帮助企业处理品牌运营相关问题，让企业更加放心地发展品牌并提高品牌的知名度，也能够提供多种应用程序，帮助企业分析品牌相关数据。

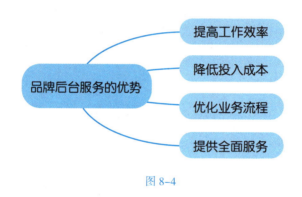

图 8-4

1. 提高工作效率

品牌后台服务能够通过先进的科学技术进行操作，可以减少诸多人工操作，从根本上避免因操作失误造成的损失。因为大多采用自动化的技术完成工作，所以工作效率提高的同时也节省了人力成本。

2. 降低投入成本

品牌后台服务不仅可以记录企业内部的情况，还可以分析品牌外部的环境，能够实现内外兼顾的全面信息管理，并将诸多的程序工作整合到一起，为企业降低相应的投入成本。

3. 优化业务流程

品牌发展与运营包含了多个阶段、多个环节的多项业务，品牌后台服务能够系统地优化所有与品牌相关的业务流程，帮助企业的品牌运营步入数字化道路。

4. 提供全面服务

品牌后台服务能够记录全过程的工作内容、品牌信息等全方面的数据与信息，可以帮助企业关注到每一处细节，为后续的一切行动提供真实的数据，从而保证服务的效率与质量。

第五节　品牌创新研发

品牌的创新研发能力是品牌发展潜力的代表，没有创新意识的品牌只能守着原有的成就故步自封，不能延长在经济市场内存活的寿命。很多企业都已经达到想要的品牌效果，也就是度过了品牌建设与宣传的时期，此时又赢来了一个新的难题，那就是如何实现品牌的创新研发。品牌的创新不仅仅是对品牌内容的创新，也受产品特性和企业实况所影响，所以品牌创新包括品牌上的创新、产品上的创新和企业上的创新。想要实现品牌创新，企业可以从品牌形象、品牌声誉、产品质量、产品技术、商业模式和企业文化六个方面入手。

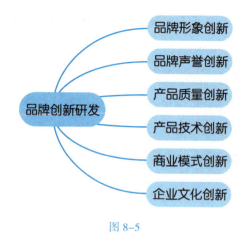

图 8-5

一、品牌形象创新

品牌形象并不是不能改变，可能有不少企业经营者认为消费者认准了品牌，如果改变企业形象会流失客户，其实这样的担心有必要，但却不是说品牌形象不能改变。品牌形象的创新是改变的一种，但不是完全推翻、重新来过，而是在原有的基础上丰富和优化品牌形象。创新品牌形象的时机很重要，对于很多新型的品牌来说，品牌形象创新不能操之过急，在消费者数量基本稳定之后进行品牌形象创新更为合适。

二、品牌声誉创新

常常有人会探讨：品牌知名度与品牌声誉哪个更为重要？只能说这两个指数会在品牌的不同发展时期发挥不同的作用。品牌在前期只想增加知名度，让更多的消费者认知到品牌，当品牌拥有一定的知名度后，就需要稳定客流量，此时品牌声誉就成为品牌的关注重点。品牌想要收获良好的声誉，就需要不断地增加品牌信任度，即消费者对品牌的认可程度，而创新品牌声誉就是在强调增加品牌信任度的重要性。

三、产品质量创新

品牌是附加在产品上的标志，产品创新就是品牌创新。对消费者来说，产品最好的创新就是能够提高质量，所以企业应该不断地完善产品的质量。提高产品质量的同时依旧需要保持产品的特色，不能"丢了西瓜，捡了芝麻"，企业可以在原有产品特色的基础上提高产品的质量，给消费者带来更好的体验感。

四、产品技术创新

产品与品牌之间不存在对应关系，也就是说一个品牌旗下可以有多种产品，这对品牌来说也是拓展销售领域的手段之一。给消费者带来新的消费体验是品牌创新的目的之一，而研发新产品也是品牌创新的一种方式。企业可以引进新技术、新工艺，用来生产新的产品，从而促使品牌进入新的市场，达到扩大消费者群体的目的。

某酸奶品牌因作为某地特产而出名，所谓"成也萧何，败也萧何"，因为被认为是特产伴随着地区发展而获得知名度，也因为被称为是特产使得外地客户不敢轻易尝试，害怕味道不合。不能走向更大的市场是该品牌的一大苦恼，尽管一直在强调自己的产品与其他品牌味道相差不多，并无颠覆性差异，但一直没有让更多的消费者产生购买行为。

某一次偶然的机会，一位网友发现该品牌酸奶的包装盒子在清洗后放置调料非常合适，视频一经发出引起了全国多地消费者的注意，受好奇心的驱使，不少消费者纷纷购买。面对这样的情形，该酸奶品牌立即把握住这个新的机会，他们在维持原包装不变的情况下，为每一个包装配备了专门的调料勺，这一举措更是得到了广大消费者的高度认可。经此一事，该品牌名声大噪，虽然被诸多企业争相效仿，但是作为"第一人"，该品牌的销量一直很不错。

分析可知，该酸奶品牌成功的原因在于拓展了品牌思维，将一开始定位的酸奶消费市场扩展到新的市场，实现了品牌的创新。

五、商业模式创新

品牌是企业的品牌，企业的商业模式实现创新，也就意味着品牌在大众视野内出现了创新。企业可以从盈利模式、个性服务等多个方面入手，旨在打造不一样的商业模式，体现出品牌与其他竞争者的不同，利用"个性"来吸引客户。

例如，如今网购之风盛行，很多企业都在为如何实现低成本高售价而思考的时候，拼多多却发扬了"团购模式"，消费者可以选择单人以原价购买，也可以选择拼团以稍低价购买，拼多多的客户数量剧增，就是其商业模式创新成功的最好证明。

六、企业文化创新

企业文化与企业历史并不完全一致，企业历史是企业文化的一部分，企业历史是不变的，企业文化却可以被改变。企业既可以通过丰富企业内涵来创新企业文化，也可以通过树立正确的价值观来创新企业文化。

例如，"砸冰箱"事件成为海尔品牌注重质量的代名词，这不仅在消费者心中树立了一个良好的品牌形象，也极大地震撼了企业员工，为他们树立了正确的价值观，其意义是长久且深远的。

第九章　传播品牌形象

　　企业建设与发展品牌是为了提高产品的销量，而销量的增加依靠消费者的消费能力，消费能力一方面是指消费者本身的经济能力，另一方面也代表着消费者对品牌产品的认可程度。消费者经济能力是企业不可控制的一个因素，所以只能通过提高消费者对品牌的认可程度来增加销量。消费者对品牌产品的消费欲望，往往是由品牌形象激发的，在品牌竞争激烈的今天，能够较好地传播自己专属的品牌形象是企业成功的关键一步。做好品牌形象传播方面的工作，企业需要关注四个方面的内容，分别是品牌形象诠释、品牌感官营销、品牌广告载体和品牌店铺推广。

第一节 品牌形象诠释

品牌形象是指品牌在市场上、在社会公众心中所表现出的个性特征。诠释品牌形象则是采取行动演绎品牌形象，为品牌打造出区别于竞争者的独特的、正面的形象。很多企业在设计品牌形象时带有幻想，设计者做好形象设计方案，在未投放的情况下自认为效果能达到，导致品牌形象诠释不到位。想要诠释好品牌形象，企业需要明确打造品牌形象的方式，可以从质量、服务与推广三个方面入手。

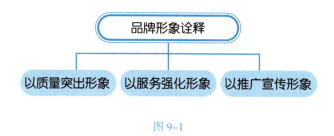

图 9-1

一、以质量突出形象

品牌质量是品牌形象诠释的坚实基础，没有质量的保证，再美好的品牌形象也会失去底气，品牌形象非常需要用质量来奠基。品牌因产品与服务的存在而出现，产品与服务又因质量经得起考验而存活，所以品牌质量是让品牌经久不衰的有力支撑，没有质量的保证，品牌经不住竞争的推搡，迟早会被淘汰、被取代。

　　为了保证品牌的质量，企业需要在品牌形象诠释的过程中做出诸多努力。首先，企业需要在设计品牌形象时给自己设定高标准和高要求，如果自测品牌质量不合格，那就证明品牌还未进入形象设计阶段，没有质量就不必过早宣传。其次，品牌一定会一直走在发展的道路上，随着品牌的发展与进步，品牌的质量必须与之相配，所以企业应该时刻检验品牌的质量，通过不断的创新来维持品牌的质量，使得品牌形象处于鲜活的状态。最后，品牌的发展需要紧跟时代，企业应该合理地使用科技手段来诠释品牌形象，在不断完善品牌形象的同时发展品牌。

　　提起品牌形象，很多人想到的是对产品的宣传，确实品牌的形象必须通过宣传来深入人心，然而维持品牌形象主要靠的是品牌的质量。品牌的知名度与美誉度应该相当，只有名气、没有质量的品牌很难立足，大多会随着时间的推移消失在消费者的视野内，想要成为真正的大品牌，就需要以质量突出形象。

　　品牌C是一个发展多年却经久不衰的老品牌，它经历了缺乏先进宣传手段的时代，一路走到今天这样宣传手段多元的时代，却依旧维持着在消费者心目中的良好形象。在科技发展不充分的早期，品牌C没有先进的宣传手段，只能依靠消费者的口口相传，之所以能够打败一众竞争者发展至今，靠的就是产品的高质量。消费者的彼此传播是对品牌质量最大的认可，高质量的产品加上良好口碑，才诠释了品牌优良的形象，也帮助品牌顺利地渡过多个难关，成为被大众认可的良心品牌。

二、以服务强化形象

　　企业营销的内容可以是实物化的产品，也可以是无形的服务，而此处强调的服务质量指的是品牌的服务态度。处于竞争激烈的时代，品牌服务已然成为诸多企业用来参与市场竞争的有力手段，经常有消费者表示在消费时感觉到被尊重会更愿意消费，这从侧面反映出服务态度对消费者的吸引力。服务是品牌形象的另一种诠释，得到了良好的服务，消费者会更加认可品牌，那么品牌在赢得良好口碑的同时也增加了自身竞争力。在服务被格外重视的今天，诠释品牌形象不仅需要高质量的产品，更需要良好的服务，所以想要塑造良好的品牌形象，企业还需要重视平时的服务态度。

甲和乙是两家近几年发展势头很强劲的新型饮品企业，因为社会经济的发展，大众的消费能力普遍提高，越来越多的消费者愿意购买饮品。有销售，就会收到消费者的不同意见反馈，长期的经营难免会出现一些意外，饮品中出现异物的情况时有发生。

面对饮品中出现异物的问题，两个品牌企业有不同的处理态度。甲品牌收到消费者的意见反馈后，及时承担责任并给予赔偿，同时，为了减少这种情况的出现频率，也快速地优化了饮品制作台，提高饮品的卫生质量标准。品牌乙在收到消费者意见反馈时，因为不想影响品牌的名誉，选择推卸责任，不愿意承担自己的责任，甚至还聘请了媒体恶意报道消费者的行为，消费者迫于无奈不得投诉处理，在受到处罚后，该品牌按照要求公开道歉后声誉一落千丈。

经过对比发现，两个品牌因为不同的服务态度，得到了相反的结局，有时候，服务质量是一场隐性的商战，服务态度越好，越能够得到消费者的认可。消费者可以依照个人想法消费，长期购买品牌产品是对品牌的认可，不是对品牌的纵容，所以品牌需要保持良好的服务态度，让消费者感觉到被重视和尊重。

三、以推广宣传形象

诠释品牌形象的最后环节是宣传符合标准的品牌形象，企业在设计出合格的品牌形象后，需要采取措施推广和宣传品牌形象，不能静待消费者的认识与了解，而要通过争取获得。邀请代言人、购买广场广告位等方法经常被应用，这样的做法会耗费大量的资金，但是很多品牌却趋之若鹜，其原因不过是看中了对品牌的宣传力度。

品牌拥有大量消费者的前提是让更多的潜在消费者知晓，如果不能出现在消费者的视野中，就根本没有机会被消费者认可。诠释品牌形象需要让品牌的形象深入人心，而推广品牌形象就是加深消费者对品牌印象的关键行为。在质量与服务相同的情况下，重视品牌宣传的企业更具有竞争力，先一步宣传就能够抢占先机，毕竟品牌宣传是争分夺秒的竞争。

某企业内部在品牌是否需要推广与宣传的问题上出现了内部分歧，很多新员工认为品牌需要推广，否则无法让更多的消费者知晓品牌的存在，付出成本才会有更大的收获；也有很多老员工认为品牌无需推广，好的品牌自然会有消费者自愿宣传，没有必要将精力与成本浪费在宣传上。

为了平息内部分歧，也出于对品牌未来发展方向的展望，企业经营者决定通过实验检测品牌推广是否有必要。在同一时期，企业推出一款产品，将产品的销售范围划分在两个距离很远的区域，并且这两个区域的消费者情况、经济条件几乎相同。在第一个销售区域，企业进行了大力的推广，在销售之前就消耗了大量的宣传成本；在第二个销售区域，企业选择从基础销售来积攒口碑，在初期获得了不错的收益。然而在一段时间后，第一个销售区域的品牌知名度大幅增长，品牌收益快速上升，第二个销售区域的品牌知名度不高，品牌收益增长缓慢。最终第一个销售区域的总收益减去推广成本明显高于第二个销售区域的总收益，企业内部员工也统一了想法，决定投入资金来宣传品牌。

第二节　品牌感官营销

现代心理学理论研究表明：在接收外界信息时，人类83%靠视觉，17%靠听觉、嗅觉、味觉和触觉。在这个信息快速传递、流量快速增长的时代，各式各样的宣传广告一个接一个涌现，使得消费者不断地接收到各种各样的品牌信息。品牌想要在当代立足并实现发展，如何营销成为一大难题，有不少品牌利用感官营销来壮大发展的势头。

一、什么是品牌感官营销

品牌感官营销就是肯定感官吸引带来的效果，品牌可以利用人的感官系统，营造让消费者感觉舒适的消费场景，凸显品牌独特的营销内容，使得消费者产生"身临其境"的感受。针对消费者某一个或者某几个感官打造出成品特色，保证吸引力足够长久，让消费者产生"流连忘返"的感觉，使他们成为品牌的真正客户。

品牌感官营销在本质上还要吸引消费者的注意力，拓宽品牌宣传方向的维度，把无形、抽象的营销理念具象化、实物化，给消费者带来更加亲密的真实感。

二、品牌感官营销的优势

在这个充满诱惑的时代，消费者的注意力通常会被形形色色的事物所吸引，为了能够充分吸引消费者的注意，品牌方必须从多个角度增加品牌的吸引力。通过品牌感官营销，企业可以在视觉、嗅觉、听觉、味觉与触觉上下功夫，使消费者的感官体验足够丰富，吸引消费者注意的同时也能保持吸引力。

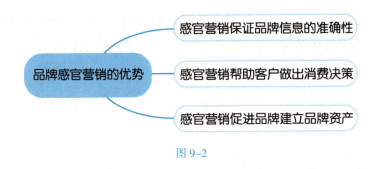

图 9-2

1. 感官营销保证品牌信息的准确性

受主观捕捉能力影响，人对那些形象鲜明的东西更加关注，同时对其中蕴含的信息更加有接收能力与接收速度。品牌通过感官营销，能够将品牌的信息更加直接且快速地传达给消费者，消费者也可以在注意到品牌信息后尽快地接收并理解。比如现在很多饮品、小食品牌很看重感官营销的作用，不断丰富产品包装，旨在通过独特的包装向消费者传达品牌独特的信息。

2. 感官营销帮助客户做出消费决策

品牌感官营销能够为消费者营造能沉浸于其中的环境与场景，能够拉近与消费者的距离，从而赢得消费者的好感，给对方留下深刻的印象，并为品牌维持住流量。有组织的感官营销文案不仅包含了品牌的信息，还会自然地影响消费者的购买决策，将品牌营销与品牌销售轻松地衔接起来。另外，品牌感官营销还可以利用消费者的感官突出品牌形象，成为消费者之后购买行为的备选。

3.感官营销促进品牌建立品牌资产

品牌感官营销针对的是消费者的感官，通过合理适度的品牌营销，消费者可以通过个人感官认识与理解品牌内容，与此同时也在无形之中加深了对品牌的印象，从而促进品牌建立品牌资产。品牌资产是指品牌的知名度，在一定程度上代表了品牌的市场价值，拥有品牌资产才是品牌成功发展的体现。

第三节　品牌广告载体

企业建设品牌的目的是给产品营造更好的销售条件，而品牌对产品的增值作用是否明显则取决于品牌知名度的高低，所以企业需要通过不断宣传来提高品牌的知名度。经研究发现，使用频率最高且效果最好的品牌宣传方式是广告营销，即合理地利用广告载体宣传品牌信息，让品牌形象与品牌信息进入更多的消费者视野内，通过加深品牌在消费者心目中的印象来增强品牌的知名度。常见的品牌广告载体主要有传统媒体广告、新媒体广告、平面媒体广告、线下媒体广告、电子科技广告、室外工具广告、物流邮寄广告和销售场所广告。

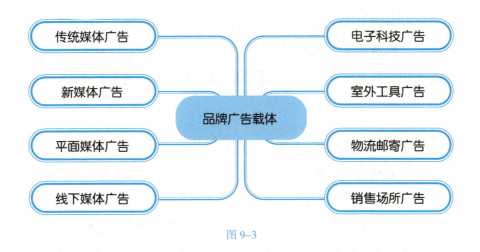

图 9-3

一、传统媒体广告

传统媒体广告是出现时间较早、使用历史较长的一种广告载体，一般有报纸、杂志、广播、通知栏等比较常见的呈现方式。这种广告载体的输出成本较低，但是相应的接触到的消费者数量也比较少。在人手一部智能手机的今天，愿意分散精力去阅读报纸杂志的人比之以前大幅减少，所以传统媒体广告的宣传速度会比较慢。

二、新媒体广告

新媒体广告是近几年发展势头很猛的一种广告形式，许多新型品牌都会选择采用，也有很多老品牌也在学着使用。微信、微博、短视频APP等都属于新媒体广告。相比于传统的广告，新媒体广告的成本可能稍高一些，但是效果通常也比较显著，可以说得上是利润大于成本的一种宣传方式。

三、平面媒体广告

平面媒体广告与传统的媒体广告形式所差不多，只是会比传统媒体广告更加精美正式一些，除了报纸杂志之外，书籍也是平面媒体广告载体之一。平面媒体广告所面对的消费者群体会受一定条件的限制，一般杂志与书籍的消费者都有一定的文化水平，所以并不是所有的品牌都适合使用这种广告载体。

四、线下媒体广告

线下媒体广告是有组织、有计划的活动形式，新闻发布会、娱乐活动、体育活动等都属于线下媒体广告。如果选用线下媒体广告宣传品牌，企业需要重视活动前的准备工作，必须有专门的人员计划与安排活动，还要有人员维持活动中的秩序。线下媒体广告对组织人员的能力要求较高，并且也需要有较多的资金投入，所以企业选择的时候需要慎重考虑。

五、电子科技广告

电子科技广告可以说是电子产品的伴生品，一般有网络的电子产品都可以接收到品牌推广的信息，电视、手机软件的弹窗都属于电子科技广告的载体。使用电子科技广告宣传品牌需要支付给合作方相应的费用，虽然通过此种宣传方式，品牌通常可以收获较高的曝光率，但是弹窗式的广告可能会引起消费者反感，所以需要把握好投放的时机。

六、室外工具广告

在室外布置广告也是一种常见的品牌宣传方式，墙面涂鸦、路牌公告、车辆绘画等都是很常用的室外工具广告载体，消费者可以在室外看到不少品牌的宣传广告，如果产生兴趣便可以进一步了解。室外工具广告通常可以比较全面地介绍品牌信息，也可以直接展示品牌的联系方式，保证将吸引到的消费者轻松地转化为实际客户，但是因为可以设置广告的地方有限，所以宣传范围会受限制。

七、物流邮寄广告

物流邮寄广告是利用邮寄或者直接传递的方式宣传品牌的信息，采购订单、传单等方式都是物流邮寄广告的载体。通过邮寄方式传达品牌信息通常需要支付相应的邮寄费用；传单等形式则需要承担打印成本和人力成本。使用物流邮寄广告的资金支出一般不多，对企业来说压力不大，但是这种方式的吸引力不是很足，容易被消费者忽略。

八、销售场所广告

在销售场所投放广告是很直接的一种宣传方式，企业可以在商场放置广告牌、挂横幅等，让品牌的广告尽可能显眼。消费者出现在销售场所就是为了消费，所以当看到足够有吸引力的品牌宣传后，会很容易产生想要消费的欲望。

第四节　品牌店铺推广

现在有很多品牌专卖店发展得很是不错，利润长期维持在较高水平，在这些品牌店铺成功的背后，是不懈的推广。很少有店铺在没有推广的情况下就可以让众多的消费者认识到品牌，面临着线下与线上双重的竞争压力，品牌店铺想要生存就必须进行推广。为了能够让自己的品牌"名扬四海"，店铺应该完善店铺信息、开展优惠活动、进行用户互动和持续更新服务。

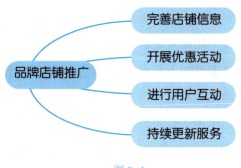

图 9-4

一、完善店铺信息

想要消费者深入地了解品牌信息，店铺就需要完善自己的信息，将消费者关心的内容都展现出来，包括店铺名称、店铺类型、产品样式、所在地址、联系电话等。这些信息几乎涵盖了店铺的所有内容，能够让消费者清晰地掌握自己需要了解的信息，从而吸引到一定数量的客户。

二、开展优惠活动

吸引消费者的有力手段是举办有吸引力的活动，因为消费需要支出，如果能够让消费者觉得费用非常优惠，他们会更愿意进行消费，所以企业可以开展一系列的优惠活动。在日常生活中，进行限时秒杀、打折优惠的活动期间，店铺的客流量一定会大于平时，可见店铺活动的作用。

三、进行用户互动

只有深入消费者内部，才可以更加准确地了解到消费者的需求，所以店铺可以不定时进行用户互动，一方面可以掌握消费者不断变化的消费需求，另一方面也能够及时对消费者的意见进行反馈。与用户进行互动的过程中，一定要注意交流的态度，给予消费者足够的尊重，让对方感觉到舒适。

四、持续更新服务

品牌的服务不能停滞不前，紧跟时代才可以不落后于竞争者。与此同时，消费者的需求增加就意味着品牌的服务需要不断提升，满足消费者的需求才可以维持品牌的销量。

第十章　品牌盈利模式

　　品牌是被企业研发出来用以盈利的手段，而如何利用品牌盈利则是企业一直在思考与开发的方向。品牌盈利表面上看是品牌为企业创造价值，实质上是产品、企业、人员、文化等多方面因素的综合，只不过最终会体现在品牌获利之上。想要让自己的品牌实现盈利，企业需要重视产品本身的优势，还需要重视企业与人员的重要性，应该因地制宜地制定营销策略，并且重视品牌文化与品牌认同的作用。

第一节　产品本身优势

作为品牌盈利的一种模式，产品本身的优势是品牌优势的一个方面，利用产品的优势，可以不断地放大品牌的竞争优势。产品本身的优势一定是其他产品不具备的、不可取代的优势，是产品优势的核心所在。一个产品自身的优势主要体现在三个方面，分别是技术优势、成本优势和品牌优势。

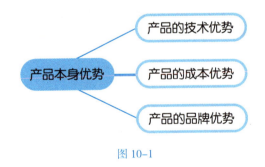

图 10-1

一、产品的技术优势

相同属性与功能的产品，有些会被消费者长期选择，有些却会在竞争中淘汰，究其原因就在于产品是否具备独有的核心技术。当所处环境相同，定位的消费者群体重复的时候，一个产品拥有其他产品不具备的技术，很有可能会成为这个产品脱颖而出的关键。比如华为近些年凭借着独有的技术，在部分功能上远超其他竞争对手，这帮助它一直占据一定的市场份额，并成为其后期一系列研发的资本与动力。

二、产品的成本优势

产品具有成本优势，企业不仅可以节省一定的支出，还可以适当地降低产品价格，为消费者提供优惠的同时起到维持客户忠诚的效果。

首先，从成本与利润的角度思考，当自家产品的成本降低时，其他竞争对手的产品成本维持不变，如果市场价格一致，那么自己的净利润就会高于竞争对手。

另外，从成本与定价的角度思考，当产品的成本减少时，其他竞争产品的成本维持不变，自己可以适当地降低定价标准，但是竞争者受成本制约不能更改定价，此时消费者可以支出较低的费用购买功能相同的产品，这对吸引消费者和维护消费群体都很有利。

三、产品的品牌优势

产品的优势与品牌的优势是相互成就的关系，品牌对产品的作用主要在于造势，为产品制造较大的声势，让更多的消费者认识与了解产品。消费者之所以认可品牌，一方面受品牌声誉影响，另一方面也是对产品质量的一种认可。取得品牌优势的关键在于：优良的产品质量、良好的服务态度和较高的品牌知名度，这些都是品牌增加竞争力的影响因素，企业必须全面地兼顾，缺一不可。

第二节　关注企业团队、产品、人员三要素

　　企业选择建设自己的品牌，是为了创造更大的价值、获得更多的利益，所以将品牌发扬光大是必不可少的，让更多消费者认识并了解品牌至关重要。利用品牌进行盈利，仅仅依靠品牌自身是不可能获得理想效果的，而需要多方的努力和推动，包括企业团队的认真运营、产品功能的持续更新和企业员工的侧面助力。

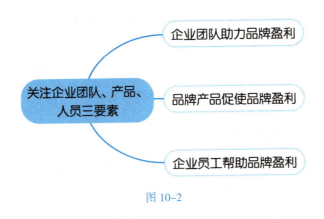

图 10-2

一、企业团队助力品牌盈利

　　一个企业的员工不一定可以实现合作共赢，企业需要根据工作任务将内部成员划分成不同的团队，由团队去完成相应的任务，包括品牌的盈利工作。品牌实现盈利是一个比较漫长的过程，无论是对企业还是对员工都是很大的考验，个人的力量是有限的，只有团结起来才可以利用品牌为企业获取利润。

　　想要实现快速、精确的品牌盈利，企业需要组织成立专业的品牌运

营团队。首先，企业的品牌运营团队能够进行周密的品牌策划，根据企业的特色建设独有的品牌形象，以此增加品牌在行业市场内的辨识度，进而提升品牌的知名度与吸引力。另外，企业的品牌运营团队还可以展开适时的市场调研活动，针对了解到的客户需求来制定品牌盈利策略，从而提高品牌的影响力和销售额。

二、品牌产品促使品牌盈利

产品是品牌的核心竞争力，没有产品，品牌就不具备存在的价值。品牌赋予产品知名度，产品为品牌提供价值载体，两者是企业缺一不可的盈利工具。优良的产品能够满足消费者的需求，在创造利润的同时还可以提高品牌的知名度与认知度。企业在提高产品质量的同时，也要对品牌声誉进行提升，产品的满意度越高，与产品同在的品牌就越能够获得广泛的认可。此外，产品是品牌树立良好口碑的关键，没有产品功能作保障，品牌工作做得再好也很难在市场上立足。所以，产品作为品牌盈利的核心，是企业应该重视的关键内容。

三、企业员工帮助品牌盈利

企业员工是将品牌创造与发展工作落实的行动者，在品牌发展的初期，大部分员工可能成为品牌的首批消费者，员工的真心认可对品牌发展来说很是重要。作为品牌的亲密接触者，员工如果愿意发自真心地为品牌盈利而努力，就会在认可品牌的同时重视自身的服务态度，员工的推广能力很大程度地影响着品牌的盈利情况。为了能够提高品牌对员工的影响力，企业需要保证员工在物质、精神和价值多个方面的需求得到满足。

图 10-3

1. 满足员工物质需求

企业应该给予员工足够的信任，允许员工参与品牌的建设与发展工作，使他们成为品牌成长的见证者，让员工产生强烈的归属感。鼓励员工参与品牌相关工作，一方面可以让员工具有"主人翁"的感觉，增加员工对品牌的忠诚度；另一方面也可以让员工集思广益，为品牌的发展注入更多创新且有活力的想法与设计，助力品牌的良性发展与运营。此外，在员工为品牌的建设与发展做出努力后，企业应该在第一时间给予足够的肯定，最直接的方式就是满足员工的物质需求，为他们提供相应的薪资报酬。

2. 满足员工精神需求

员工服务于企业最初的目的是满足理性的需求，希望能够通过付出劳动力来获取相应的报酬。然而随着时间的推移，员工也会因受到企业的重视而产生感性需求，从而不断地增加对企业的信任度与归属感。品牌是企业与员工共同努力的产物，品牌应该让员工意识到品牌建设不仅仅是一项工作任务，还能够带来情绪上的满足。所以企业可以通过周到、贴心的关爱让员工感受到温暖，从而赋予品牌精神价值，增加员工对品牌的忠诚度。

3. 满足员工价值需求

想要让员工心甘情愿地为品牌盈利而奉献，只是提供"好处"是远远不够的，品牌所蕴含的价值观念也深刻影响着员工的态度，正向乐观的品牌价值观才可能得到员工的认可。品牌的发展与设计不能脱离正向的价值观，员工认可品牌价值观也影响着自身的价值观，两者相互契合的情况下才更有奋斗的动力。

第三节　品牌营销因地制宜

企业想要实现品牌盈利，就需要制定品牌营销策略，此时应该注意品牌营销策略是所有策略的总和，并不是只有一个策略或一个方针。在这个信息互通、科技发达的时代，品牌的营销区域通常是不受限的，而不同地区的消费者行为习惯、消费偏好可能会有所不同，为了能够更好地满足客户需求，企业需要做到因地制宜的品牌营销。

一、什么是因地制宜

因地制宜，是指根据不同地区的实际情况选择相应的措施来解决存在的问题。因地制宜肯定了差异化管理和个性化管理的重要性，企业选择因地制宜地营销品牌，其目的是想开拓品牌的市场，让更多地方的消费者认识和支持品牌。不同的地区有不同的人文情怀、消费习惯，企业不能单纯地认为一个品牌只有一种品牌营销策略，在不同的地区品牌可能适用不同的营销方式与途径，所以应该因地制宜。

二、如何实现品牌营销因地制宜

制定营销策略是品牌提高影响力、实现盈利的重要途径，没有合理的营销策略，品牌的发展必然受阻。然而，不同的消费者有不同的需求，谁可以更好地满足消费者的需求，谁就可以在竞争中获得升华，进入更高层次的竞争领域。品牌如果将目标定位到固定的市场，那么只能面临源源不断的行业竞争，或许可以支撑着发展，却很难实现进步。只有勇敢地走向更加广阔的市场，才能够逐渐地增强竞争力。当企业决定扩大目标市场时，就需要根据不同的市场领域制定不同的营销策略，实现因地制宜的品牌营销。

图 10-4

1. 根据地域特点制定策略

企业在制定品牌营销策略的时候，需要了解清楚不同地域的文化、经济、消费水平、消费观念等。针对这些特点，相应地采取不同的营销策略。例如，很多餐饮品牌企业会将销售区域按照南北划分为热冷两大类，在北方地区，气候偏冷，品牌可以推出热食和热饮；在南方地区，气候温热，品牌则可以推出凉食和冷饮。

2. 根据竞争趋势制定策略

在打算进入某地区进行品牌营销之前，企业应该了解该区域内竞争对手的实际情况，包括产品特点、客户流量、销售价格等。在了解到竞争对手的实力后，品牌一方面可以确定大概的进军方向，另一方面也可以参考对方的营销策略，在此基础上完善自己的策略方针。

3. 依据大众需求制定策略

当品牌将一个地区作为目标市场的时候，就需要知晓该地区内的人口不可能都是自己的目标客户，为了提高销量，品牌应该着重了解大众的需求。企业在面向某个地域进行品牌营销时，应该结合当地消费者的喜好来制定策略，通过满足大多数消费者的需求来保证品牌的基础销量。

第四节　品牌文化与品牌认同"共存"

品牌的外在形象的饱满度离不开内在文化的晕染，很多企业发展品牌时非常注重企业文化的融入，因为蕴含文化特色的品牌更加生动饱满，对消费者的吸引力更足。品牌在市场环境内发展依靠的是消费者对品牌的认同度，只有消费者认同品牌，才愿意购买品牌下的产品。从企业的角度来看，对待品牌文化应该保持"无为"的态度，对待品牌认同需要保持"有为"的态度。"有为"与"无为"对品牌盈利来说同等重要，两者相辅相成，共同促进品牌发展与获利。

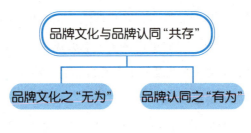

图 10-5

一、品牌文化之"无为"

"无为"是指顺其自然，企业不主动干预品牌文化的形成。品牌文化是一种无形的内涵，随着品牌的发展不断累积，几乎在无休止地丰富与充实。企业应该遵从品牌文化自然的变化，如果多加干预，可能会引起消费者反感，最终适得其反。

二、品牌认同之"有为"

"有为"是指外部参与，企业应该主动参与品牌认同的形成。品牌认同决定了品牌的声誉与销量，企业应该时刻关注消费者对品牌的认同程度。想要提高品牌的认同度，企业可以从质量与服务两个方面同时切入，一方面提高产品的质量，另一方面完善服务的态度，通过为消费者带来良好的体验来获取品牌认同。

总的来说，企业可以放任品牌文化自然地向正向的方向发展，将不断优化的品牌文化融入品牌，以此来提高品牌的质感，并获得消费者对品牌的认同。

第十一章 品牌营销管理

　　品牌为企业创造价值与利益的前提是品牌具有知名度，企业需要通过不断地提高品牌知名度来获取客户，想要实现品牌知名度的快速提升，加强品牌营销管理是必然之举。品牌营销具有非常大的实践意义，再优秀的品牌、再优质的产品，没有营销都很难快速进入大众视野。品牌推广、品牌形象构建都是强有力的品牌营销策略，企业需要根据品牌发展现状选择合适的营销方式，特别需要注意的是在提高品牌知名度的同时要关注品牌的美誉度。

第一节　常用品牌营销技术

　　市场细分已经成为潮流之势，消费者的基础需求已经被完全满足，想要只通过产品的质量取胜已经不再现实，企业需要在质量合规的情况下加强品牌的营销力度。为了能够使品牌提供的服务更加细致化，品牌应该加强营销的核心内容，从而逐渐提高自己的知名度与影响力。品牌营销是有计划、有组织的品牌宣传活动，不能草率地开展，企业应该掌握足够的品牌营销技术，保证可以高效地营销自身品牌，吸引更多的客户来关注。

一、品牌营销的方法

　　每当谈及品牌营销，就有很多人觉得营销就是宣传与推广，这样的认知正确，却也不是完全正确，因为真正的营销包括宣传与推广却不仅限于宣传与推广。企业在进行品牌营销的过程中，可以选择的方法一般有品牌定位、品牌宣传、品牌拓展、品牌合作、品牌体验、品牌维护、品牌管理和品牌创新。

图 11-1

1. 品牌定位

品牌营销的准备工作是确定可以营销的方向，所以企业需要确定品牌的核心理念和目标客户，也就是做好品牌定位。确定品牌的核心理念，可以在建设品牌的过程使目标更明确，能够保证品牌建设工作顺利进行。确定品牌的目标客户，企业可以通过调研、归纳和分析出客户群体的预期与希望，从而采取让多数人可以接受的方式来营销品牌。

2. 品牌宣传

品牌发展的动力主要来源于消费者群体的支持与信任，吸引的消费者数量越多，品牌的发展前景就越好。为了能够获得更多消费者的认可，企业首先需要做的是让更多的消费者看到自己的品牌。在品牌建设工作结束后，企业可以尝试将品牌投入市场，待取得不错的反响后，再着手宣传品牌。通过广告、促销、优惠等营销手段可以提高品牌的知名度，如果这些活动与途径足够吸引客户，就可以帮助品牌获得更好的口碑和更高的美誉度。

3. 品牌拓展

市场份额的增加预示着企业竞争力的提升，这需要不断增长的收益来推动。企业选择营销自己的品牌，目的是通过提高品牌知名度来吸引客户，想要吸引不同领域的消费者的注意，企业需要逐步延伸和拓展品牌。常见的品牌拓展形式为扩展品牌产品的种类，企业可以尝试生产不同的产品，为所有的产品印上同一标签，使得品牌给消费者的印象是一个领域，而非一个产品。例如，很多洗护产品企业绝对不会只经营和生产一个产品，而是包含了洗护类的所有产品，消费者认可单品的同时也会肯定品牌，无形之中拓展了品牌的影响范围，也提高了品牌的影响力。

4.品牌合作

"能用众力，则无敌于天下矣；能用众智，则无畏于圣人矣。"同样地，一个品牌的竞争力可能是有限的，但是当多个企业合作发展的时候，其力量一定十分可观。经营产品相近的品牌之间存在竞争关系，经营产品关联的品牌之间却是互惠共利的关系，就好比冷冻产品的热卖可以带动冰箱、冰柜的销量一样。在品牌营销的过程中，企业可以选择与其他品牌合作，集大众的力量制订营销计划、开展营销行动。更有甚者，存在竞争关系的企业之间同样可以适当地合作，在不侵害彼此利益且能够创造共同价值的情况下，合作推广品牌。

5.品牌体验

如果说企业经营者和企业员工是品牌的显性营销者，那么消费者便是品牌的隐性营销者，并且消费者的营销行为往往更有作用和意义。自证不如他证，很多时候无论品牌的宣传力度多大、价格多么实惠，都比不上消费者的口口相传。企业如果想要获得消费者的认可，便可以通过优质的服务和产品来博得消费者信任，让消费者长期保持对品牌的忠诚度。另外，部分企业可以组织消费者体验活动，比如很多食品品牌有专门的试吃活动，消费者可以先尝后买，在重视消费者体验感的同时也充分调动对方的积极性。

6.品牌维护

企业在营销品牌的同时会提升品牌知名度，品牌知名度提升是一件悲喜参半的事情，喜的是吸引到更多的消费者注意，悲的是也引起了许多存在不良心理之人的注意。企业营销品牌的过程中需要持续地维护品牌，一方面要避免侵权行为的出现，另一方面也要对已经出现的侵权行为进行及时的处理，防止给品牌带来较大的负面影响。一旦企业的品牌维护工作做不到位，就可能出现营销与负面营销并行的情况，此时一系列的营销行为都可能成为放大负面影响的契机，所以品牌营销与品牌维护一定要同步进行。

7.品牌管理

企业理应建立完整的品牌管理制度与体系，保证品牌形象的长期性和品牌价值的长久性。品牌营销发挥实质性作用的前提是有可营销的优点，值得营销的品牌才能够达到企业经营者的预期目标，为了能够符合可营销的条件，企业需要加强对品牌的管理。

8.品牌创新

没有什么东西是一成不变的，消费者群体的需求同样如此，随着市场环境的变化，产品更迭不休，经常出现原有品牌产品无法匹配消费者需求的情况。沉浸在过去成就中的品牌注定会随着时间的流逝而逐渐垮掉，勇于创新的品牌才可以紧跟时代潮流，长久地立于利益之巅。作为品牌营销中难度较高的一部分工作，实现品牌创新的收获确实明显，企业不断创新品牌服务，可以逐渐提高市场影响力，并逐步增加市场份额。

二、常用的品牌营销手段

不能将消费者的消费思维绝对地划分为理性思维和感性思维，企业应该综合地看待与分析消费者喜好，消费者理性地想要满足个人需求，但是也会感性地被品牌营销所吸引。成功的品牌营销可以吸引更多消费者的注意，在引起注意的前提下才有机会获得认可。品牌营销的手段有很多，企业应根据实际情况选择合适的方式营销品牌，很多成功的企业常用的品牌营销手段有聘请代言人、创新产品特色、借助娱乐热度。

图 11-2

1. 聘请代言人

在这个热度几乎可以代表实力的时代，高人气明星的影响力非常大，各大品牌可以选择聘请代言人，借助代言人的高人气吸引大批消费者。"品牌代言人""品牌合作大使""品牌推广大使"等名头的出现，让越来越多企业看到高人气代言人的商业价值，也有越来越多的品牌因为代言人的影响力而获得了成功。高人气、高影响力的明星可以成为连接品牌产品与消费者的纽带，消费者可以因为明星的人气产生消费行为，也能够因此开始认可品牌。

某墨镜品牌为了加大品牌营销力度，企业经营者们经过认真的商讨，决定聘请一位高人气的明星为品牌代言，并安排了直播活动、设计了广告海报等。代言人消息一经发布，就有很多的消费者前来询问详情，推出产品后销量也有了明显的提升。

在一年的代言合同期限结束后，该明星因为个人原因无法与品牌继续合作，企业不得不再次寻找合适的代言人，但是由于过程不是很顺利，中间出现了三个月的空当期，在这期间，品牌处于无代言人状态。企业数据分析人员在分析季度销量指标时，竟然惊奇地发现，品牌的销量并没有出现预期的下跌，甚至有不少消费者表示该品牌的产品质量很好，愿意继续购买。

分析上述案例，该品牌的产品质量确实不错，但是如果没有前期明星代言人的影响力，该品牌可能会一直没有走进消费者视野的机会，所以必须肯定代言人的作用。

2. 创新产品特色

企业应该肯定代言人的作用与价值，但是提高品牌知名度仅仅只是品牌影响的第一步，如何提高品牌在消费者心目中的地位才是关键任务。任何企业都不能"吃老本"，不能创新的品牌难以获得成长与发展，"逆水行舟，不进则退"。当其他品牌都在进步的时候，不做出改变就会落后。企业品牌想要持续维护消费者的热情，就需要创新产品的特色，在维持原有特点的基础上添加其他特色，让消费者感觉到奇特，这无疑是一种成功的营销手段。

随着中秋佳节的临近，有很多生产月饼的企业都在大力宣传品牌特色与优势。通过数据对比分析，不少企业发现月饼美味已经不再是吸引消费者的主要方向了，外形独特的月饼销量更好，尤其是花朵样式、卡通样式的月饼非常火爆，所以很多品牌都开始在月饼外观上下功夫。

此时，一个品牌意识到，单从月饼外观入手，随大流的获利可能不会太高，于是，他们想到了从月饼包装入手，设计出了宫廷风格的包装盒，受到了不少消费者的青睐。尽管后续也有很多品牌争相效仿，但作为"第一人"，该品牌还是获得了较高的利润。

3. 借助娱乐热度

所谓娱乐热度，就是时下热度较高的娱乐事件。不难发现，大众关注娱乐事件的概率很高，所以企业可以将品牌营销与娱乐热度融合，实现品牌知名度的提高。近期掀起的"老国货"狂潮就是典型的娱乐热度，不少底蕴深厚的国货品牌加入了直播营销行列，借助热度快速提高了品牌的知名度。

此外，我们日常生活中有很多热爱看综艺节目的观众，他们很容易被中间穿插的广告赞助品牌吸引，如此举动能够有效地加深消费者对品牌的印象。甚至于不少轻喜剧的剧情中也会涉及部分品牌。在适合的场景下，企业可以选择将品牌投放入娱乐场景内，加强品牌营销的力度，从而提高品牌知名度并拓展品牌的营销范围。

第二节　营销媒介组合

营销媒介组合是一种热度极高的品牌营销工具，企业可以选择不同的媒介进行联合营销，发挥传播品牌、提高影响的作用。单一的营销媒介有时候无法满足企业设想的传播要求，此时企业就可以根据品牌实际发展情况，运用不同的传播媒介与营销策略，组成功能完善的营销工具，进而达到高效传播与推广品牌的目的。

一、什么是营销媒介组合

媒介组合是指企业在利用媒介进行品牌营销的过程中，使用两种及两种以上的不相同的媒介手段进行联合营销，以获得更好营销效果的品牌宣传方式。营销媒介组合包含的媒介手段有传统广告、数字广告、社交媒体、电子邮件等能够被消费者群体发现的所有方法，企业将这些方法组合到一起使用，收到"1+1≥2"的效果。

品牌A的产品消费群体大多年龄偏大，这些客户对新型的科技手段并不敏感，那么就可以选择采用传统的广告媒介营销，例如户外易拉宝、公交站通告栏等。品牌B的产品主要面向年轻的消费者群体，他们长时间使用电子产品，此时就可以选择社交媒体等媒介营销，例如微博热点、综艺广告等。

上述所列举案例只是单一的某个营销媒介的使用，事实上，很少有品牌的产品会明确地设定自己的产品只针对一部分人，所以尝试使用媒介组合营销品牌更能打开市场，更有利于品牌的宣传与推广。

二、营销媒介组合的作用

使用营销媒介组合可以帮助企业降低临时出现的方针错误问题造成的影响，拥有多元化的媒介营销方式，企业就无需将所有的营销精力集中到一种方式上，当其中的一种媒介手段因特殊原因无法正常使用时，企业便可以通过其他媒介维持正常的营销节奏。不同的营销媒介方式达到的最终宣传效果不同，企业可以通过对实际效果的对比发现效果最佳的方式，使得投资到品牌营销中的成本最小化和利润最大化。

营销媒介手段会随着市场的变化、信息的进步发生改变，一些旧的效果不佳的媒介可能会被淘汰，同时也会有新的媒介涌入，正是这些媒介手段的增减不停地改变着整体的营销趋势。因为营销媒介组合的存在，企业可以选择的营销手段更加多样化，不同的媒介效果不同，不同的组合效果也不相同。企业还可以尝试接受新鲜事物，采用新型的媒介手段，尝试不同风格的品牌营销策略，使融入市场整体的发展节奏也保持着品牌的特色。

三、营销媒介组合策略

营销媒介组合是一种常见的品牌营销策略工具，运用得当的情况下可以有效提高品牌的知名度，宣传得体的情况下也可以提高品牌的美誉度。提及营销媒介组合，很多人会觉得有些陌生，然而其中包含的内容却很常见，品牌形象设计、媒体广告投放、搜索引擎优化和社交媒体营销都是使用频率很高的营销媒介组合策略。

图 11-3

1.品牌形象设计

设计与建设品牌形象是所有营销媒介组合使用的必要因素，没有品牌形象，企业在宣传品牌时就会缺少可传播的主体，容易使得品牌宣传效果降低。确定品牌形象后，企业可以通过宣传品牌文化、讲述品故事，在各种平台上传播品牌形象，通过多种方式实现品牌知名度的提高。

2.媒体广告投放

投放媒体广告是很有效且常见的一种营销媒介手段，企业可以根据目标客户的需求与喜好，选择合适的广告媒介。比如与旅游项目相关的产品可以在户外广告中宣传；零食可以在电视广告中宣传；车辆清洁产品可以在车载电视中宣传。

3.搜索引擎优化

凡是建设成功的品牌都希望有更多的人群可以在网页上搜索品牌产品，为了提高品牌的知名度，可以从提高点击率入手，这一点可以通过优化搜索引擎来实现。企业需要不断地优化品牌官方的网站内容和合作网页的呈现内容，提高品牌相关内容在网页内的搜索排名，增加品牌的曝光度，从而让更多的潜在客户发现品牌。

4.社交媒体营销

社交媒体是目前使用频率最高的营销媒介之一，企业可以在各类社交媒体上发布品牌信息，与潜在客户进行必要的交流与互动，提高品牌知名度的同时努力获得对方认可。微商是近几年非常热门的一个职业，主要原因在于从事该项工作的人员可以实现品牌宣传、销售一体化，品牌与大量微商合作可以有效地提高自身知名度。

第三节　裂变和病毒策略

仅仅依靠企业自身的力量宣传品牌，效果通常不会太明显，企业应该学会"借力打力"，采用各种策略来增强品牌传播效果。裂变与病毒策略是一种新型的营销策略，从投入使用至今一直发挥着良好的作用，能够帮助企业快速地提高品牌知名度和维持顾客忠诚度。企业可以根据品牌特性选择不同的营销模式和方法，利用最合适的策略助力品牌营销管理。

一、裂变营销的模式

裂变营销作为一种创新的品牌营销策略，已经被越来越多的企业应用，与此同时，也有不少企业一直停留在将要应用的门前，有哪些模式可以应用成为急需解决的难题。就目前来看，诸多品牌宣传成功的企业偏好应用的裂变营销模式主要有五种，分别为病毒裂变模式、社交裂变模式、流量裂变模式、质量裂变模式和客户裂变模式。

图 11-4

1. 病毒裂变模式

企业可以通过组织有趣的活动、生产独特风格的产品，引起用户的兴趣与分享欲望。"一传十，十传百"便是病毒裂变模式的最好表达，一个消费者对品牌产生兴趣，他可以传达给自己身边的潜在客户，由此裂变的消费者便成为下一阶段传播的主要人群，以此类推，品牌的知名度会不断地提高。

2. 社交裂变模式

社交媒体依靠网络传达信息，网络科技不断发展，社交媒体可以给品牌的营销不断提供便利。企业可以在社交媒体上传播品牌，向已有客户宣传品牌的同时，有意识让对方成为下一个品牌推广者。这种模式的品牌营销策略是将相关的社交媒体作为传播媒介，将社交媒体使用者设为裂变的核心，从而促进品牌知名度的提高。

3. 流量裂变模式

流量与品牌产品的销量几乎呈正比，流量越高，品牌销量通常越好，所以企业应该合理利用流量为品牌造势。企业可以制定合适的方案刺激消费者产生分享欲，通过引导消费者分享来提升品牌的销量。

4. 质量裂变模式

产品质量是品牌营销的底气，无论品牌的营销策略多么成功，如果没有质量保障，消费者很容易成为"一次性客户"，即购买一次后便不再回购。企业需要通过提高产品质量来增加客户黏性，让消费者自愿成为品牌的宣传者和推广者。

5. 客户裂变模式

加强品牌营销管理的目的一方面是为了吸引更多的消费者关注与了解，另一方面是为了维系与原有客户的关系。企业应该重视用户体验，可以通过鼓励用户参与品牌活动，为消费者提供更多福利来增强客户体验，保持较高的客户忠诚度。

二、裂变营销的方法

了解完品牌裂变营销的模式后，企业下一步的工作就是选择合适的裂变营销方法来落实品牌营销事宜。不同的企业采用的裂变营销方法各有千秋，但总体上是从客户、产品、品牌与活动四个角度入手，所以常见的裂变营销方法有关注客户感受、加强产品质量、重视品牌合作和开展多元活动。

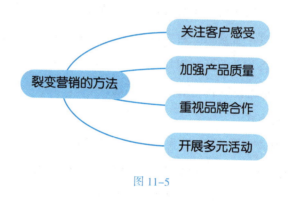

图 11-5

1.关注客户感受

秉持着"客户是上帝"的理念，企业应该格外关注客户的感受，通过让客户满意来吸引客户、稳定客源。首先，企业可以设置试用方案，向客户赠送产品或者提供服务，让客户有良好的购买前体验；其次，企业应该积极接受客户的意见反馈，针对愿意给出有用看法的用户设置奖励措施；最后，为了鼓舞消费者宣传品牌的行为，企业也应该设立奖励机制。

2.加强产品质量

有的企业销售产品，有的企业出售服务，无论是产品质量还是服务态度，都是影响消费者消费意向的关键内容。企业需要关注产品质量的高低与服务态度的好坏，通过满足客户需要来增加品牌的口碑与认可度。

3.重视品牌合作

企业可以联合其他企业来营销品牌，不仅可以和与产品相关联的企业合作实现共赢，还可以与专业的推广企业合作。产品与产品之间的作用经常会存在关联，一个产品的发展也可以带动与之相关产品的销量，所以相关联品牌之间也可以通过合作来获利。而专业的第三方推广企业可以承办品牌推广工作，企业只需要支付对方满意的酬金即可，这是一种简单直接的品牌营销方式。

4.开展多元活动

团购活动、优惠活动、线下线上活动都可以成为品牌营销与宣传的主要途径，企业可以利用这些方式吸引更多客户的关注。第一，团购、限时抢购等活动可以激发消费者的购买欲望；第二，优惠福利、折扣定价等活动可以激励消费者将品牌分享给其他人；第三，线下与线上活动相结合，可以通过灵活的方式提高客户参与感与认可度。

第四节　品牌公关策略

品牌公关是指企业在处理企业与外界的相关事务时，合理利用公关关系为企业塑造良好的形象，并提高企业品牌的价值。品牌公关策略是企业通过公关活动来提升品牌介质、塑造品牌形象的方式方法，成功的品牌公关策略主要有维系媒体关系、利用社交媒体、开展公关活动和加强危机管理。

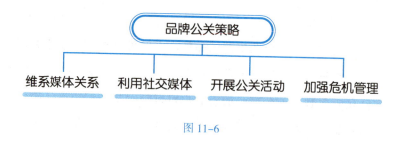

图 11-6

一、维系媒体关系

企业需要持续维系与媒体的良好关系，因为品牌的曝光度与传扬度主要依靠诸多的媒体来提高。进行品牌公关是为了提高知名度，让更多的潜在消费者发现并认识品牌，企业可以选择邀请报社记者参与活动、在报纸上发布新闻稿等。很多时候，媒体虽然与品牌价值没有直接关系，但是却可以通过引导舆论为品牌设置环境，与媒体保持良好关系可以为品牌宣传提供较为良好的环境。

二、利用社交媒体

社交媒体逐渐多样化，已经从一开始的线上沟通拓展到分享生活，所以企业可以利用社交媒体进行品牌公关。社交媒体公关策略主要分为"一对一"模式和"一对多"模式，"一对一"模式是传统的线上沟通，企业可以与客户开设独立对话窗口，向每一位消费者讲述品牌特色；"一对多"模式则是现阶段流行的群对话和发布公开动态，企业不需要特意针对某个客户进行询问与作答，只需要全面地发布品牌的信息，就可以加深消费者对品牌的印象。

三、开展公关活动

开展品牌公关活动可以极大地提高品牌知名度，活动一般包括预热、开展和宣传三个阶段。预热是指在活动开展前提前发布相关公告，让更多的消费者注意；开展是指在规定的时间内举办活动，邀请消费者和其他人员参与活动；宣传是指在活动结束后进入品牌宣传期，企业应该利用活动的热度宣传品牌。品牌公关活动包括线下形式、线上形式和线上线下相结合形式，比如线上发布会、线上展览会和多渠道比赛等。

四、加强危机管理

危机管理是企业最不愿意启动的策略，也是企业必须设置的策略，缺乏危机管理就无法处理紧急事件。在品牌宣传与发展的过程中，难免会出现危机事件和负面营销，企业需要及时地采取行动防止影响扩散并解决危机，以此减少危机事件对品牌的负面冲击。常见的危机管理办法有公开声明澄清、利用媒体舆论解释、采取其他解决方案等。

第五节　全员品牌管理

一个品牌的成功与失败不仅仅关系到企业经营者，也涉及企业员工、企业合作商、企业消费者等诸多群体的利益，品牌管理是每一个与品牌相关的群体的共同任务。所有的群体都应重视品牌管理，只有全员共同努力才能造就出成功的品牌，让品牌发展得越来越好，从而为每一位参与者都创造出相应的价值。

一、全员品牌管理的特点

企业进行全员管理就是为了让所有与品牌相关的群体都参与到品牌管理中来，所以最突出的特点就是与所有参与者都建立联系。首先，从员工入手，员工作为企业的重要组成部分，其付出都体现在品牌的建设与宣传中，一个品牌的成功离不开每一位员工的努力，企业应该尊重员工的创新，相信他们可以为品牌注入活力。其次，作为合作者，大家的利益相互关联，如果是为了共同长久的利益，企业应该适时关怀合作者的处境，合作者发展顺利，对自家品牌来说也是一份助力。最后，品牌发展好与不好，最终取决于消费者满不满意，所以品牌的发展一定不能脱离客户的喜好，企业应该不定时地了解客户需求，依靠客户合理可行的需求对品牌进行创新与整改。

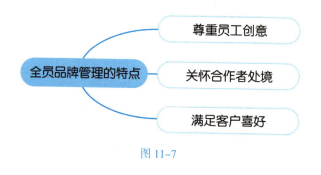

图 11-7

1. 尊重员工创意

在企业内部，经营者、管理者等具有一定领导权和管理权的人物数量一定不多，品牌发展的主力军永远是企业员工，尊重员工是对品牌负责的体现。"众人拾柴火焰高"，品牌的建设与宣传不能仅仅依靠一部分人，企业的员工也有机会参与其中，品牌商机很多时候不是刻意地出现在某个时刻或某个地点，而是被人发现、挖掘出的，企业员工同样具有这样的能力。企业应该鼓励员工积极表达想法，高层管理者不能独断专权，否定员工的所有想法，对于有意义、有内涵的意见可以适当地筛选、分析与采纳。

2.关怀合作者处境

多个合作企业之间既存在利益分成，也存在利益互通的关系，虽然彼此之间可能会有随时的利益占比变动，但是总利润提高定然会皆大欢喜。不少人认为，合作者只是企业获利的一个媒介，一个合作者出现危机，可以随时更换合作者，这样的想法看似简单，实践起来却很有可能给企业带来损失。在利益影响不大的情况下，企业更希望合作方能够顺利发展，所以要多关注合作者的处境。

另外，品牌合作者也一定期望品牌发展得更好，同处于竞争激烈的大环境内，每个企业都应该有敏锐的嗅觉，一旦发现新的发展契机，要乐于与合作者分享。"多一个朋友，多一条路。"企业的合作者就相当于一个朋友，彼此有可能成为对方进步与发展的一大助力。

3.满足客户喜好

消费者不仅影响着品牌的发展与进步，在一定程度上也决定着品牌的个性发展，企业在进行消费者需求调研时，会注意到消费者的个性与喜好，从而根据这些内容适当地改变品牌特性。调查问卷、登门拜访等形式的活动在日常生活中经常出现，企业采取这样的行动的目的就是为了精确地了解大众的消费喜好，并将总结出来的有用信息应用到后续的品牌管理中，提供让更多的消费者满意与支持的服务。

二、全员品牌管理的意义

企业提倡与组织全员品牌管理的初衷是促进品牌发展，保证品牌营销顺利进行，不断提高品牌销量。伴随着全员品牌管理工作的开展，企业逐渐意识到这一做法的作用比预期中的更大。因为全员品牌管理主张是企业员工、企业合作者和企业客户与企业共同进行品牌管理，强烈的参与感可以使这些群体对品牌的情感升值。全员品牌管理的作用体现在增加员工忠诚、加强企业合作、提高客户黏性和提升管理效率几方面。

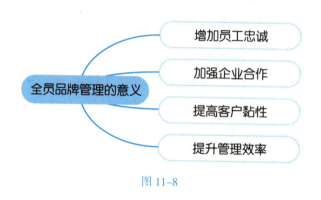

图 11-8

1.增加员工忠诚

员工就职于企业，直接目的是付出劳动获得相应的报酬，如果企业不能信任员工，那么两者之间只能保持雇佣关系，相反，员工得到企业的尊重与认可后，也就愿意将企业发展视为个人责任。品牌的营销管理渴望更多的力量加入其中，而员工作为现有的最庞大的力量体系，如果企业能够合理利用就可以创造出较高的营销价值。

2.加强企业合作

企业与企业之间合作是为了彼此的利益，增加彼此信任的同时会弱化利益的独一性，使得合作者双方能够受其他因素牵引，从而加强彼此合作。"买卖不成感情在"，除去利益来往，企业之间的合作理应受更多的因素影响，只有利益左右的合作关系往往并不牢固，当企业给予合作者足够的信任与肯定后，合作者也愿意尽自己的一份力来推进品牌发展。

3.提高客户黏性

质量相当的两个品牌，如果其中一个具有足够的吸引力，那消费者一定愿意选择它，这就是品牌特性的作用。想要维持品牌的特殊性，企业不能盲目随意地设计品牌，而应该追求消费者心目中的特别之处，所以需要深入地了解客户需求。当客户感觉到品牌的服务能够触动自己时，就会知道品牌对自己的重视，此时他们的消费欲望会增加，也愿意成为品牌的拥护者。

4.提升管理效率

无论规模大小、底蕴深浅，仅仅依靠企业自身来进行品牌营销管理，都比不过全员品牌营销管理，所以企业应该重视多方品牌营销管理。企业尝试采取任何措施，都是为了尽可能地加强品牌营销管理，最终回归本源，企业推出全员品牌管理的起始目的也是提升管理效率。当企业将所有与品牌相关的力量合理运用后，很容易实现品牌管理效率的较快提升，这对品牌发展来说具有多重作用。

第六节　品牌资产管理

品牌资产是企业获取利益的重要来源，加强品牌资产管理，可以有效地提高品牌的价值，也能够增强企业在市场中的竞争力。企业首先需要明确自己的品牌资产有哪些，并采用合理的方式来管理这些资产，使它们发挥最大价值。建设成功品牌的企业都有一定价值的品牌资产，如何管理这些资产是很多企业现阶段无法处理的问题，所以他们都在寻求合适的方法。

一、品牌资产包括什么

品牌资产可以被拆分为"品牌"和"资产"两个词语，品牌就是企业产品在消费者印象中的形象代表，资产是指企业资源具有的价值，综合起来可以将品牌资产理解为是企业的一种无形的经济价值。无形是品牌资产的特点之一，除此之外，品牌资产还可以影响消费者的购买趋向。相应地，品牌资产的价值由消费者决定，产品与其关联不大。从品牌资产的价值体现来分析，可以将品牌资产分为表面品牌资产和深层品牌资产两种。

1.表面品牌资产

品牌的知名度是品牌资产中的基础部分，是能够被直观感受的品牌价值，所以将它视为表面的品牌资产。当品牌拥有足够的知名度时，品牌已然踏上成功之路，却无法保证不被竞争者超越。企业建设品牌的初期目标必然是提高知名度，但是仅仅只有知名度远远不够，还应该开发品牌区别于竞争对手的优势特征。

2.深层品牌资产

品牌的美誉度、品牌的忠诚度等系数均属于品牌资产的深层内容，这些资产能够为品牌持续不断地创造利润，所以被称为深层品牌资产。品牌的美誉度可以让品牌在保持高知名度的情况下收获良好口碑，帮助品牌逐渐在市场内崭露锋芒；品牌忠诚度可以保证品牌有稳定不断的消费者数量，即使出现突发事件，品牌也可以依靠客户信任减少损失。

二、加强品牌资产管理的方法

品牌作为一种无形的产品，企业想要让它成为资产的一部分，就需要加强资产管理，应该不断的投入精力与成本维护品牌价值。品牌知名度、品牌认知度和品牌忠诚度是品牌资产管理的重要因素，企业可以从这些角度入手强化管理。

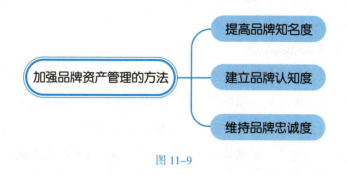

图 11-9

1.提高品牌知名度

品牌知名度主要是指消费者和潜在消费者对品牌的记忆程度，提高品牌知名度可以让消费者在产品相同的一众品牌中精准选择企业品牌。第一，企业需要建设独特且便于记忆的品牌，在产品属性相似的情况下，独特的品牌往往会让人印象深刻；第二，企业需要提高品牌标志的曝光频率，频繁地出现在消费者的眼前更容易加深记忆；第三，企业需要合理利用公关手段，在资金成本允许的情况下支出费用，组织公关活动，让品牌尽可能地活跃在大众视野中；第四，企业需要尝试延伸品牌产品，在更多种类的产品上打上品牌标志，这可以扩展品牌的营销范围。

2.建立品牌认知度

品牌的认知度是指消费者对品牌的客观印象，是具有评价意义的具象形态。消费者对品牌的认知通常是在消费过后产生，想要提高品牌印象，企业就需要保证产品与服务的质量。首先，企业应该注重质量承诺，品牌所营销的内容一定要让消费者深切地感受到，不能有虚假宣传的情况出现；其次，企业应该重视软文化的输出，品牌需要不断地丰富底蕴，让使用品牌产品的消费者与自身气质搭配；最后，企业应该注重品牌创新，只有不断地注入新的理念、新的思想，才可以维持消费者对品牌的兴趣。

3. 维持品牌忠诚度

品牌忠诚度是指消费者对品牌的满意程度，吸引新客户对品牌发展来说很重要，但是现有消费者才是品牌发展的底气。展望未来的前提是珍惜当下，只有稳定了现有的客户群体，企业才有资金与成本去吸引新的消费者。企业一方面需要创新品牌内容，满足客户源源不断的新增需求，在这个过程中也可以强化品牌；另一方面需要深入地了解消费者，将消费者的需求作为品牌发展的导向，这样更容易生产出消费者愿意购买的产品。

第十二章　品牌团队打造

　　品牌是企业营销的主要工具和无形资产，想要做好自己的品牌建设工作，企业需要建立一个合格高效的品牌团队。一个优质的品牌团队不仅可以制定合理可行的品牌营销策略，还可以将这些策略落实到工作中去。企业深知品牌团队的重要性，而如何建造一支优秀的品牌团队是诸多企业一直在思考的问题，企业经营者们都在寻求合适的方针与策略。

第一节　品牌运营团队

专业的品牌运营团队可以利用自己的专业性帮助企业品牌实现正向的快速发展，这是维持品牌发展节奏的关键力量。企业的大部分业绩需要品牌发展来实现，加快品牌节奏化发展迫在眉睫，想要快速地发展品牌并带动企业销量的提升，企业需要组建自己的品牌运营团队。品牌运营团队的工作目标就是提高品牌的知名度和竞争力，团队成员采取的措施主要有进行品牌策划、实现品牌推广和开展市场调研。

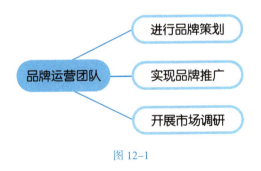

图 12-1

一、进行品牌策划

品牌运营团队掌握了品牌构思、品牌设计、品牌宣传、品牌维护等一系列的品牌建设技巧，是一个专业性很强的组织。专业的品牌运营团队可以进行品牌策划，根据企业文化与产品特色建设出典型的品牌形象。关于品牌策划，很多人会认为是一件比较容易的事情，只需要为产品设计一个标志，将标志与产品一起宣传即可，然而真正的品牌策划有很多的细节需要注意。品牌运营团队可以通过品牌标志设计、品牌形象建立、品牌文化宣传等手段来提高品牌的知名度，并且能够在获得正向认知的条件下增加品牌曝光度，从而帮助企业提高品牌价值。

二、实现品牌推广

品牌运营团队也有专业的营销推广方式与渠道，帮助企业品牌快速地实现品牌推广与发展。企业高层管理者应该与品牌运营团队之间保持相互信任的关系，将品牌推广工作完全交由品牌运营团队来完成，让他们在合理的范围内利用企业现有资源进行推广。品牌运营团队能够通过促销活动、推广策略、媒体传播等方式，提高品牌的知名度和曝光度，吸引更多消费者购买，从而为企业创造更高的收益。

三、开展市场调研

品牌运营团队知晓品牌建设的正确流程，能够为企业建设品牌提供更专业的服务，他们了解市场需求、行业环境和竞争状况，为制定品牌策略提供真实可信的数据。品牌运营团队可以有秩序、有计划地开展市场调研活动，并详细地了解目标客户群体的现有需求，在此基础上制定有针对性的品牌策略与方案，进而提高品牌的销售量。比起非专业人员而言，品牌运营团队有丰富的调研经验，能够在较短的时间内掌握较为准确的信息，可以帮助企业快速实现品牌发展。

某饮品产业是从其他行业转过来的，因为了解到近几年饮品行业的收入很高，所以就迫不及待地想试上一试。由于不熟悉行业实际情况，于是没有盲目地建设品牌，但是没有品牌理念的烘托，产品销量一直没有明显增加，所以不得不加入品牌建设的行列当中。该企业经营者开始并不愿意花费太多成本在品牌探索阶段，所以选择让自家员工摸索了解市场情况，一段时间过后，虽然得到了一些数据，但它们缺乏客观性和真实性，使用这些信息建设品牌，结果可想而知，品牌的发展并没有达到预期的效果。

经过这次错误的摸索，企业经营者决定聘请品牌运营团队，将所有的工作都交由对方完成。果然在一个月后，该团队就帮助企业设计出合适的品牌，通过品牌的辅助，产品获得了一定的名气。企业经营者问对方其中缘由，团队负责人指出了企业前期的工作问题，主要是因为企业员工没有足够的调研经验，所以总结出来的信息真实性不高，依照这些信息建设的品牌理念也就很难满足客户需求。

第二节　品牌运营心态

心态决定定位，处理任何事情的心态很大程度上可以决定事态的走向，所以无论做什么事情都要保持良好的心态。在品牌运营的过程中，会遇到各种各样的挑战，如果不能稳定心态，那么就很难克服困难走向下一阶段。《心动不如行动》一文中阐述道："如果一切计划、一切目标、一切愿景都是停留在纸上，不去付诸行动，那计划就不能执行，目标就不能实现，愿景就是肥皂泡。"如果没有正确的心态去尝试与努力，品牌运营的进度迟早会被耽搁，所以企业需要用积极、创新、双赢和自信的心态去进行品牌运营。

图 12-2

一、积极的心态

任何一个企业都无法保证自己在发展过程中能够永远顺利，在不同的时间段内，企业的品牌运营难免会遇到一些无法轻松处理的问题，面对这样的情况，负责品牌运营的人员应该积极应对，而不是被困难吓退。某些困难出现在品牌运营的过程中，企业如果只关注事情的负面影响，很容易陷入迷茫的境地，如果能够客观地分析问题，可能会有意外的收获。迎难而上的积极心态可以助力品牌运营顺利发展，企业应该善于鼓励员工。有时候，一个员工的心态可以正向地影响更多员工的心态，使得品牌运营工作可以向更好的方向发展。

二、创新的心态

企业所处的经济市场不断地发生变化，同时，品牌面向的消费者群体也在不断改变，为了能够跟得上行业发展、满足客户的消费需求，品牌运营应该始终保持着创新的心态。品牌发展离不开稳定性，但也需要不停地注入新鲜理念，所以品牌运营理应保持创新的心态。正确的创新理念不是推翻原有的东西，而是在合理的范围内进行内容的修改或增加，使得品牌理念不断地趋于优良，并能够在维持原有客户的基础上吸引更多的新客户。

三、双赢的心态

运营品牌的时候还需要双赢的心态，这里的双赢不是局限于固定的两者之间，而是泛指企业与员工、企业与合作者、企业与客户。品牌运营者不能只关注品牌的利益，还需要客观地站在其他视角思考运营方案与计划，尝试采取行动让所有与品牌相关的群体都能够获利。

企业与员工之间的双赢是指品牌发展能够增加企业收益，员工为了品牌运营而努力，企业在获利的情况下会发放相应的薪酬给员工。企业与合作者之间的双赢是指品牌产品销量增加能够带动相关产品的销量，合作者也会为了双方共同的利益而为品牌发展尽一份力。企业与客户之间的双赢是指企业通过品牌运营提高产品质量、优化服务体系，为消费者提供更好的消费体验，而消费者的购买行为则是对品牌最大的支持与认可。

四、自信的心态

自信是所有行动的重要支撑力，缺乏自信容易使品牌运营决策无法达到预期效果，所以企业一定要在品牌运营阶段树立信心。企业不仅要对品牌自信，还需要对产品自信，更需要对策略自信，凡是经过慎重思考而制定的策略，只要投入品牌运营中，就一定要坚决执行，否则所有的精力及成本投资都可能付诸东流。企业将品牌产品推荐给客户，是为了满足客户需求的同时获取相应的利润，只有相信自己的产品，才能说服别人去认可产品。整个企业的所有成员也要做到自我相信，相信企业的实力、相信员工的能力，从心底产生自信可以很好地完成品牌运营工作。

第三节　重视合作分享

　　不仅是品牌运营团队，以任何形式、处于任何状态的团队，都应该重视合作分享的作用，没有合作、不愿分享，所谓的团队不过是徒有其表罢了。团队内部重视合作与分享，不仅可以提高个人与团队的工作效率，还可以增加团队凝聚力，使团队能够齐头并进，这对品牌运营来说无疑是最好的局面，也是企业经营者最愿意看到的情景。

一、如何引导团队合作分享

　　很多时候，理论上正确的想法，实施起来却颇具挑战，很多企业深知品牌运营中团队合作与分享的重要性，却很难采取措施让员工做到合作与分享。团队的合作与分享主要受团队成员的主观想法影响，企业如果想要依靠外力因素强制干预，很有可能会适得其反。企业需要思考如何让员工自愿合作与分享，可以适当地充当引导角色，或者给予员工一定的奖励。

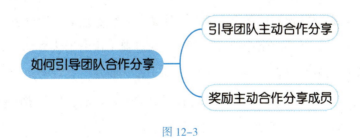

图 12-3

1. 引导团队主动合作分享

为了保证品牌运营工作的顺利进行，企业通常会选择成立专门的品牌运营团队，而团队内部成员的工作态度决定了实际工作进度。如果团队成员愿意相互合作、彼此分享，就可以实现信息共享、节奏同步，使得品牌运营的效率提高。但企业不能制定强制规则要求员工必须合作，所以只能通过间接的手段引导员工，比如不定时地开展合作共享探讨大会、适当讲解合作分享的益处等。

2. 奖励主动合作分享成员

有团队就一定有正确行动的先后顺序，作为有效助力品牌运营工作的重要手段之一，团队合作与分享的做法一定会有部分员工先行贯彻，这样的情形是企业乐于见到的，因为可以从这些人的身上入手鼓励其他员工向他们学习。当企业发现品牌运营团队中有些成员通过合作与分享获得成果后，可以给予对方适当的奖励，让其他员工意识到在合作与分享后可以获得实质奖励，从而带动团队整体的工作氛围。

二、团队合作分享的作用

有研究者提出自己对团队的理解：一些才能互补、团结和谐、目标一致、分工明确、彼此配合的工作者。简单来说，一个团队就是一个紧密的集体。强调团队重要性的同时，就应该知道团队的作风，作为团队的一员，必须意识到比起个人荣誉，团队荣誉更加重要，所以员工应该注重合作与分享。对企业而言，负责品牌运营工作的团队需要负责有关品牌发展的所有事宜，每个环节的每项工作之间都需要有密切的联系，如果没有合作与分享，很难顺利进行。总的来说，品牌运营团队重视合作与分享，既可以推进团队工作进程，又可以培养团队成员之间的默契，还可以提高团队的荣誉意识。

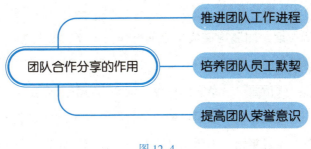

图 12-4

1.推进团队工作进程

同时就职于一个品牌运营团队的员工，分担个人任务、完成个人工作的最终目的是将这些工作成果结合到一起，使得品牌运营工作取得整体性的效果。企业肯定员工能力后将他们安排到品牌运营团队内，但是他们随时会面对临时出现的问题，这就需要员工之间互帮互助。当一位员工的工作进度耽搁后，很有可能会影响其他成员的工作进度，从而使整体工作效率受到影响，所以当发现身边伙伴遇到困难时，团队成员应该及时地给予帮助，这不仅帮助了他人，也帮助了团队。

2.培养团队员工默契

众所周知，需要利用团队处理的工作，大多任务量较大、工作内容较为烦琐，为了能够更好地分配工作内容，品牌运营团队会在商讨与计划后将工作分割，并分配给每一位员工。因为员工所承担的任务同属于一个大的任务，所以彼此的工作内容难免会有所关联，每位员工都会与其他员工有交接工作的时候，大家便可以在合作的过程中培养默契。随着共事时间的增长，员工之间的合作次数增加，彼此之间的关系也会更加亲密，在后续的工作中就能更加默契。所以说团队合作是培养默契的最佳方式。

3.提高团队荣誉意识

随着品牌运营团队内部成员之间合作与分享次数的增加，他们彼此之间的感情会逐渐深厚，此时就会有不少成员更加在乎团队的集体荣誉。在一个团队里面，一个人的成就可能会为自身赢得奖励，会给团队带来赞誉，但是放在集体里面可能会显得微乎其微；但整个团队的成就不仅能为个人赢得奖励，为团队带来荣誉，还可以为集体创造出显著的价值。

第四节　以结果为导向

企业建设与发展品牌，目的是获得更大的利润，所以将自己的品牌做大做强是企业想要的结果。能够促成结果的方式与途径有很多种，但结果只有一个。以结果为导向，是诸多企业家想要加强品牌运营的目的，他们希望负责品牌运营的团队能够尽自己所能为品牌创造价值，所以在员工的心目中，结果比过程更加重要。

一、什么是以结果为导向

以结果为导向是指企业给出规定的时间期限与预想的品牌运营结果，由相关负责人员根据结果逆向推导逐步完成品牌运营工作的一种目标式做法。以结果为导向的做法并不能适用于所有的工作项目，但是与品牌运营的适配度较高，品牌运营是一项不断追求结果的工作项目，所以企业更注重结果，而不是过程。承担品牌运营工作的人员可以时刻以工作结果警示自我，从而充分调动个人的主观能动性，不断提升品牌运营工作的效率。

二、以结果为导向的作用

以结果为导向开展品牌运营工作，能够让个人与团队的精力集中，减少很多不必要的思考时间，对工作效率提高很有帮助。因为有结果作为工作目标，在品牌运营工作开始之前就知道要做什么，使得品牌运营起始难度降低。品牌运营的结果就是最终需要完成的工作目标，所以以结果为导向可以明确品牌运营的工作目标。由于工作结果引导品牌运营的全过程，所以回顾的效率自然会很高，对后续复盘很有益处。

图 12-5

1. 降低品牌运营起始难度

俗话说："万事开头难"，品牌运营同样也会面临这样的问题。企业允许品牌运营人员以结果为导向开展工作，员工就可以根据结果制订工作计划，那么初始的难度自然会降低。

2. 明确品牌运营工作目标

如果不知道目标是什么，那就很难确定要做什么；如果品牌运营人员没有树立起自己的工作目标，那么就很难确定自己需要做什么。以结果为导向的首要任务就是明确品牌运营的目标是什么，在清楚目标的情况下，企业员工会有更加明确的工作方向，就不容易因为不知所措而迷茫。

3. 提高品牌运营复盘效率

以结果为导向，目的是确定预期目标，企业希望能够完成目标，但也允许偏差出现，所以最终结果与期望结果难免会存在出入。企业可以将预期目标与实际完成目标进行仔细的对比，这样能够轻松地掌握两者之间的差距，对后续的复盘工作很有帮助，也能通过复盘结果优化品牌运营工作。

第五节　加强沟通效率

企业为了保证品牌运营工作的顺利进行，通常会建立专门的品牌运营团队，之所以需要有团队沟通，其中一个原因就是企业看中团队内部沟通对工作效率的正向促进作用。学会有效的沟通，能够活跃整体工作氛围，也可以提高员工之间信息传递的效率，使得工作效率逐步提高。品牌运营过程中的沟通不是简单的交流，而是需要传达有效信息，有效的沟通可以促进品牌运营工作的顺利开展。

一、加强沟通的重要性

在一个品牌运营团队中，即使每位成员都具有较高的工作能力，但如果大家都不擅长沟通，最终的结果会是单元任务完成度很好，但整合到一起时效果就不好，这样会使得品牌运营进度停滞不前。相反，一群能力不是特别突出的员工组成品牌运营团队，大家在完成个人工作后还会关心其他人的进度，面对难题也会相互询问、相互帮助，最终反而会让品牌运营工作在沟通中顺利进行。经过对比，可以知道沟通在品牌运营中的重要性。由于品牌运营涉及很多细节与阶段性的工作，所以一定需要员工沟通合作才能够提高整体的效率。沟通能够帮助团队成员清晰地表达个人想法，也可以培养员工的奉献精神，还可以增强员工的工作耐心。

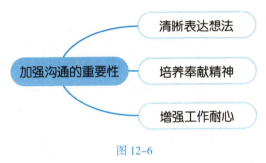

图 12-6

1.清晰表达想法

很少有人先天具备某项能力，在刚步入职场时，几乎所有的员工都会面临着不会沟通的问题，而随着沟通次数的增加，员工的沟通能力自然有所提高。品牌运营团队重视加强沟通效率，就是为了让员工认识到沟通的作用，让员工发现不断的沟通会使得个人想法的表达愈发清晰。

2.培养奉献精神

在进行品牌运营工作的过程中，团队成员可以通过沟通缩短彼此间的距离感，与此同时，大家也可以更加深入地了解到工作伙伴的难处，受感情影响，也会尽自己所能去帮助他人。除此之外，团队成员在沟通的同时也能够逐渐意识到集体荣誉的重要性，在特殊的情况下，会愿意为了团队利益而奉献。

3. 增强工作耐心

有沟通，就会有聆听。在品牌运营团队成员不断沟通的过程中，有人扮演着讲述者的身份，就有人承担着倾听的责任。员工可以沟通的内容有很多，一方面可以沟通工作中的事务，通过有效沟通顺利完成工作任务；另一方面可以沟通工作中的情绪，当部分员工情绪低落时，其他员工可以充当倾听者让对方有处发泄，尽快帮助伙伴缓解情绪，从而重新投入到工作中去。

二、提升沟通效率的做法

沟通效率是指在品牌运营团队内部有限时间内的实际沟通效果，有时候，多次的无效沟通不及一次有效沟通，所以企业需要重视如何提升沟通效率。团队成员确定有沟通必要时，需要选择适当的时机、方式与做法，保持平缓的沟通节奏，促进沟通效率的提升。想要达到高效沟通，品牌运营团队需要明确沟通目的、善于总结重点、避免过多争论和合理使用工具。

图 12-7

1. 明确沟通目的

在沟通之前，品牌运营团队的成员需要明白自己的一切行为都有可能影响团队工作节奏，所以要尽可能地节省时间，这就需要事先明确自我的沟通目的。没有目的、没有想法的沟通不仅浪费自己的工作时间，还有可能影响对方的工作节奏。在沟通前确定目的，沟通的内容就可以围绕目的扩展，按照"万变不离其宗"的原则进行沟通，才可以很好地提升沟通效率。

2. 善于总结重点

很多时候，品牌运营团队只是强调表达的技巧，很容易忽略倾听的态度。沟通是一件双向成就的事情，如果仅仅依靠表达者输出有效内容，对表达者来说难度太高，很有可能会打击团队成员的表达积极性。沟通中担任倾听者的成员应该保持积极、认真的态度，在接收到对方所表达信息的同时，及时通过思考来过滤信息，从中总结出重点内容，使得沟通的效率最大化。

3. 避免过多争论

在沟通中出现分歧是无法避免的，虽然鼓励大家各抒己见，但同时也要限制无休止的争论。为了避免过多的无效争论，企业需要帮助团队成员意识到关系转化的必要性，团队成员之间的关系是合作，不是竞争。当品牌运营团队成员在因为观点不同产生争论的时候，员工很有可能会陷入自我证明的境地，从而忽略集体的存在，此时企业就需要通过适当的干涉来帮助员工保持清醒。

4. 合理使用工具

传统的沟通是指面对面沟通，但现在的沟通方式早已变得多元化。处于信息快速传递的时代，企业就要善于利用先进的沟通工具。社交软件留言、电子邮件传达等多种快捷的信息传递方式的出现，使得刻板的面对面沟通不再是唯一方式，大型正式会议之外的沟通需求都可以利用这些工具来满足。使用沟通工具传达信息，不仅可以大大缩短信息传播的时间，还可以减少不必要的会议与面谈，能够有效提升品牌运营团队的沟通效率。

第六节　提升团队魅力

团队的作用主要来源于团队的魅力，一个有魅力的团队通常能够做到互相合作、高效沟通和彼此信任。互相合作可以营造团队和谐工作的氛围；高效沟通能够提高团队的工作效率；彼此信任能够增强团队成员的集体荣誉感。一个缺乏合作、沟通与信任的团队，仅仅只是一些工作内容存在关联的个人凑在一起而已，并不能称为真正的团队，更别说有魅力了。

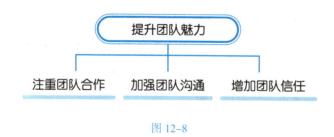

图 12-8

一、注重团队合作

关于团队合作，很多的品牌运营团队成员存在认知偏差，他们认为自己很了解合作，但是仅仅认可了合作的作用，却没有采取实质性的行为。肯定团队合作的作用是指让合作发挥出最大效能，如何做到真正的合作才是关键。企业可以"以小到大"地培养员工的合作意识，先从小的项目再到团队的总工作目标，让员工逐渐感受到合作的魅力。

二、加强团队沟通

沟通是团队合作与信任的前提，没有沟通就无法进行合作，没有沟通也无法发展信任，所以团队沟通的作用至关重要。对于一个团队来说，沟通存在于每个人之间，上级与下级之间需要依靠沟通来传达任务、反馈结果；同等层级的员工之间需要依靠沟通来互换信息、达成合作。加强品牌运营团队的内部沟通，可以有效提高成员的团结精神，员工可以在沟通中加深对彼此的了解，从而在工作中更有默契。

三、增加团队信任

因为彼此信任，团队之间才可以有凝聚力，能够为了共同的目标而不断努力。成员关系越稳定的团队，工作的默契度越高，想要保证稳定的成员关系，就需要逐渐建立起成员之间的信任。从人的趋利性角度考虑，建立信任的难度很高，但是信任破碎却很容易，所以维持信任与建立信任同样重要。

为了增加品牌运营团队内部的信任程度，企业可以组织一些团体活动，让团队成员意识到彼此信任的重要性。比如，集体合作小游戏、团队成就小奖励等，都可以成为推动团队信任的助力，同时也可以让团队成员肯定信任的作用，从而愿意主动地维持团队成员之间的信任关系。

第七节　发挥个人之长

如果问一个企业最大的底气是什么，那一定是具备各种能力的员工。人才是企业发展的最大支撑，没有员工的努力，品牌运营工作就只能停留在设想阶段。没有优秀的人才，品牌运营团队就会失去动力，对品牌的发展产生很大的负面影响，也会让团队成员感觉到前途渺茫。诸多的团队成员能够发挥出自己的能力，都是得到了企业的支持与认可，企业需要做的就是不断发掘出品牌运营团队成员的优点，并将这些优点合理运用，使它们成为促进品牌发展的工具。

图 12-9

一、挖掘员工优势

每一位员工都是一个独立的个体，先有了个体，才会组合在一起成为团队。同样地，每个个体的优势也不尽相同，并且这些优势是在成为团队一员之前就具备的，很少可以通过后天训练所得。比如，有些员工善于表达，就可以让他负责沟通工作；有些员工善于总结，就可以让他负责归纳工作；有些员工善于思考，就可以让他负责策划工作等。

发挥团队个人优势的前提是知晓员工各自的优势，所以企业首先要做的事情就是发掘员工的个人优势。很多时候，品牌运营团队的成员都没有发现自己的优势，那么企业就需要充当提醒者，让员工意识到个人特长。

二、提供足够机会

天赋需要维持，如果一直不使用自己的天赋，可能会随着时间的推移而退化，所以企业应该提供足够的机会让品牌运营团队的成员发挥各自的优势。在一个品牌运营团队内部，一定有管理者与基层员工，管理者需要意识到自己的职责是管理与引导，不必事事亲力亲为，理应为员工留下表现的机会。员工拥有足够的实力，但是一直得不到表现，等到想要发挥实力的时候，就会发现还处于较为迷茫的阶段。团队管理者为员工提供发挥长处的机会，不仅可以帮助员工维持个人优势，还可以有效促进品牌运营工作的效率提升。

三、合理鼓励竞争

俗话说："机会都是留给有准备的人的。"品牌运营团队的管理者有义务为员工提供发挥个人能力的机会。当团队成员看到表现的机会时，可能会争先恐后地争取，在这个过程中，或许会有部分人员为达目的不择手段，此时就需要管理者及时制约。竞争是一种激励式的提升员工工作能力的方式，能够合理利用竞争的品牌运营团队往往工作效率更高，但是前提是员工之间的竞争是正向的。

第八节　激励团队创新

团队创新不仅强调创新，也强调了团队的作用，品牌运营团队的进步与成功不可能依靠一个人单点支撑，必然需要全体成员共同努力与创造。现如今，品牌运营已然成为一项集体任务，一个人的创新可能会帮助团队在一段时间内有所进步，但是想要不停地进步，就需要团队成员传递创新的"接力棒"，依靠团队的力量实现持续创新。能促成"团队创新"已成为很多品牌运营管理者必备能力之一，激励团队创新便成了团队领导者的主要任务。

图 12-10

一、提供创新的机会

品牌运营团队的领导者深知品牌运营的工作内容与难度，想要实现品牌运营工作效率最大化，团队领导者必须利用好每一位员工的能力与长处。"人尽其用"是品牌运营的一大宗旨，所以应该为团队的每一位成员都提供更好的工作环境与办公条件，使得大家更愿意在一起工作。

品牌运营团队成员是否具备创新能力是一方面，团队领导者是否愿意为员工提供尝试的机会是另一方面。很多人的看法是专业的事交由专业的人去做，其实作为品牌运营工作的直接接触者，团队成员大多不缺乏专业性，缺少的只是被发现的机会而已。

二、规定创新的方向

在品牌运营的整个过程中，涉及的工作内容有很多，如果每一项工作都需要创新，那么团队成员的工作量无疑会翻倍。企业应该分清创新的主次内容，可以将所有待创新的内容按照重要程度划分层次，最终逐个处理、逐个创新。

品牌运营团队大部分成员只会根据要求与内容进行创新，至于该创新哪些内容却没有明确的方向。所以企业想要创新，就必须先规定好创新的方向，使员工的创新工作有目标，通过明确的指导，来帮助员工快速且准确地完成创新工作。

第十三章 形成品牌壁垒

　　品牌是企业产品的核心所在，拥有品牌意识是企业的重要经营理念之一，品牌能够为企业带来很大的收益。处于经济发展飞速的时代，建设品牌是很多发展中企业必须要做的一件事，品牌意识是有助于品牌设计获得成功的基本理念。品牌意识为企业创造高知名度提供了基础与支持，成为帮助企业增加竞争力的一把利刃，所以现在很倡导企业形成品牌壁垒。

第一节 品牌意识的重要性

随着经济的快速发展，几乎所有行业的市场都趋向于饱和状态，消费者逐渐从关心质量转变为在乎品牌，品牌名称也越来越多。打造够硬的品牌不仅可以提高企业在行业内的经济地位，还可以为品牌建立起良好的形象与声誉。形象越好、声誉越高的品牌，越容易获得消费者的认可与信任，消费者是推动品牌发展的主力军，得到消费者的支持，品牌就可以走得更远。总的来说，品牌意识对企业与消费者都是很重要的存在。

一、什么是品牌意识

品牌意识即品牌知名度，是指品牌在消费者记忆中留下的印象。品牌意识也指企业对品牌的维护意识，建设品牌的目的是增加归属感与所有权。品牌意识的增强，提高了企业的发展动力，它已成为企业在经济市场中逐渐强势的永动机。这样理解品牌意识的话，可以将其内容分为三个部分，分别为使用意识、保护意识和发展意识。

1. 使用意识

品牌使用意识是指品牌的实用价值，即品牌对企业发展起到的经济作用。想要增加企业的经济收益，品牌就需要发挥具体的使用价值。"愚笨的商人卖产品，聪明的商人卖品牌。"处于经济效益至上的市场环境中，生产出符合消费者需求的产品已经成为基础要求，并不是什么"可歌可泣的壮举"，在保证产品质量的前提下，品牌意识高的企业更容易做出实绩。大力建设与宣传品牌并不是部分人认为的噱头与虚张声势，而是合理地使用品牌意识的价值，使得产品在具有基础属性的条件下更具品牌价值，帮助企业在合理范围内获取利益。

2. 保护意识

品牌保护意识是对企业利益的一大保障措施，在产品功能相似的情况下，企业很难证明产品的归属者，但是在建设品牌后，企业就可以通过品牌来确定自己的产品。试想，当多个企业生产相同产品时，一旦产品出现问题或者不良影响，部分企业可能会为了利益推卸责任，这对没有品牌区别的企业来说无疑是一大隐患，而拥有品牌的企业则无需太过担心。可能有人会认为品牌也可以被冒充，但是这样的情况几乎不会出现，品牌就如同艺术品的专利权一样。当然，品牌想要获得足够的保护与认同，就需要具有品牌意识，也就是说品牌知名度越高，越有利于保护企业的权益。

3. 发展意识

自品牌概念进入经济范畴以后，品牌的数量很多，具有竞争关系的品牌应有尽有，但是能够真正进入消费者视野的品牌却占比很小，那些"昙花一现"的品牌大多不重视发展。建设品牌固然重要，但也仅仅只是开始，如果没有创新、没有质感，迟早会面临被淘汰的命运，所以品牌发展与品牌建设同等重要。企业品牌的知名度需要通过不断的发展来提高，品牌发展意识是品牌意识的重要组成部分，与品牌使用意识和品牌保护意识共同发挥作用。

二、为什么说品牌意识很重要

任何企业都需要品牌作用的支持，无论是中小型企业，还是大型企业，都将提升品牌知名度作为一项重要任务。很多企业家将品牌的知名度称为品牌意识，并且一直强调品牌的重要性，"品牌意识为什么重要"是很多企业家与品牌设计人员渴望深入了解的内容。品牌知名度代表着消费者对品牌的认可度与信任度，拥有高知名度的品牌能够不断提高消费者对品牌产品的忠诚度，品牌意识对企业与品牌的帮助显而易见。

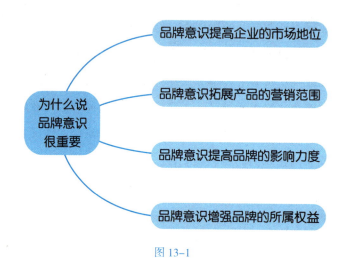

图 13-1

1. 品牌意识提高企业的市场地位

越来越多的消费者认识并了解品牌，企业名称被提及的次数也随之增加，在不知不觉之间，企业的市场地位就会越来越高。常见的品牌意识提高现象就是明星效应，很多品牌不惜支付大额的合作费用，只为请来知名度较高的明星为品牌代言，最终目的就是提高品牌的地位。

国内某著名服装品牌想要通过提升品牌知名度来吸引客户的注意力，使他们对品牌有深入的了解，并愿意将品牌传扬与推荐出去，于是品牌选择花高价聘请一位国际明星来代言。为了增加曝光度，该品牌注册了专门的短视频账号，用来发布明星拍摄品牌广告的花絮。在几个花絮片段发出后，短短几天就在全球各地有了极大的反响，使得品牌不仅获得了高知名度，还踏上了走向国际的道路。

2.品牌意识拓展产品的营销范围

企业肯定名人效应的同时，也必须接受新的营销方式，比如，明星代言可以吸引不少消费者，但是品牌产品推广的工作，明星并不熟悉，此时就可以与带货主播合作。品牌需要确定目标客户群体，但不能固定目标客户群体，品牌的收益增加离不开消费者数量的增加，拓展产品的营销范围必不可少。另外，品牌的销售范围也应该不断扩大，有不少品牌的线下营销力度很大，但是也应该开拓线上销售渠道，使得销售范围从一个区域扩展到多个区域。

有很多国产老品牌拥有极高的口碑，很多消费者都对其赞不绝口，但是常常因为所在区域产品未上架而无法购买。某职场人士表示，自己在读书期间一直很喜欢某品牌的洗护用品，但是工作之后换了地方，附近并没有实体店上架该品牌产品，去其他地方购买又很不方便，所以不得不选择其他品牌的产品。面对这样的情况，有不少消费者向这些口碑很好的品牌提出了可行性建议，希望它们能够开设线上门店，这样就可以通过网络购买到产品了。现如今，不少物美价廉的品牌开设了网店，甚至尝试直播，这样不仅提高了品牌的知名度，还为消费者提供了很大便利。

3.品牌意识提高品牌的影响力度

当一个企业开始重视品牌意识后，它必然会投入成本与精力开展品牌宣传活动，旨在让更多的消费者深入地了解品牌——使熟悉品牌的消费者更了解品牌，使不熟悉品牌的消费者熟悉品牌，使对品牌有误解的消费者重新认识品牌。更多的消费者真切地了解品牌内涵，有利于提高品牌的知名度，拉近消费者与品牌之间的距离，从而提高消费者对品牌的忠诚度。

某电器公司在早年间建立了品牌，由于建设得较早，起初市场竞争不激烈，该品牌的发展十分顺利，也获得不小的收益。随着品牌理念的传播与盛行，越来越多的竞争者出现，该品牌又没有采取适当的措施宣传，导致品牌热度直线下降。面对愈发艰难的现状，品牌负责人决定花费资金与精力宣传品牌，于是找到不少文采不错的人，委托他们为品牌撰写文化故事。品牌负责人将文化故事投放到很多媒体，经过一段时间的宣传，不少消费者被故事吸引，选择购买该品牌电器。时至今日，该电器品牌依旧因自己的文化故事而自豪，这样的宣传方案也确实为企业带来了更大的利益。

4.品牌意识增强品牌的所属权益

对于具有品牌意识的企业来讲，品牌意识与品牌所属权益是密不可分的。品牌的所属权益代表着品牌的使用权限，品牌意识强的企业很重视品牌的所属权益，通俗点来讲就是"我的东西，只能我自己使用和决定谁有权使用"。很多企业在品牌做成功后，会把品牌授权给一些企业去使用，即对方可以在自己的产品上标注我方的品牌，但需要支付相应的使用费用。当然，如果企业不愿意承担品牌被恶意曲解的风险，也可以选择独家使用品牌，只做自己的产品。

　　某内衣企业作为我国最早成立的内衣企业之一，因为品牌产品质量很高，一直受到消费者的认可，有很多消费者成为该品牌的"忠实粉丝"。事实上，该企业很早就砍断了"销售链"和"生产链"，投身于"品牌授权"模式，即不生产、不销售，只外包品牌使用权利。为了不影响品牌声誉，该企业会专门检验合作者的产品质量，只有质量合格了才算合作达成。多年以来，该品牌的口碑一直维持得不错。我想通过这个案例告诉大家，品牌也是一样产品，甚至是一件高价值的产品。

第二节　如何形成品牌意识

　　"品牌意识"作为近些年讨论热度很高的一个话题，一度成为难倒不少企业家的关卡，每个企业都想有品牌意识，如何形成品牌意识却是个难关。很多企业负责人对品牌意识没有清晰的认知，但也明确知道很多消费者会因为品牌知名度而消费。其实，通过对多家企业的了解，我们会发现品牌意识不强是很多企业的通病，如何破局、如何形成品牌意识是当务之急。

　　一、形成品牌意识可能遇到的难题

　　企业形成品牌意识是一个较为漫长的过程，在此期间，任何问题都有可能影响品牌意识树立的效果。面对诸多难题，企业首要任务就是探寻与分析问题。在品牌意识逐渐形成的过程中，企业经营者的思想、企业与消费者的理解、错误的品牌意识认知与不健全的运营法律机制都是潜在的影响因素。

图 13-2

1. 企业经营者的思想

"人因思想境界不同而产生差异。祸福苦乐，一念之差；成王败寇，一念之差；成佛成魔，一念之差。一念之差，乃至于此。"关于品牌建设，不同的经营者有不同的想法与做法。建立企业、建设品牌的目的都是为了获得利益，做出趋向利益的选择是人的本能，但是在道德与素质底线之间的选择则依靠人的良知。现如今，品牌竞争愈加激励，很多企业的经营者都想凭借着品牌的热度吸引消费者，以此获得更高的收益。

企业经营者的思想很大程度上决定了品牌的发展理念，有的经营者做品牌的同时也在做产品，但有的经营者却只做品牌，根本不在乎产品的质量。很多品牌在设计完成后会被快速投入市场，企业会花费大量的人力、物力宣传品牌，给品牌带来不小的热度，但"潮水退去，方知问题在哪"，待宣传引来的热度消散后，提供不了实质性价值的品牌终究会被消费者漠视，无法长久发展的品牌迟早会被淘汰。

2. 企业与消费者的理解

作为品牌的建设者和支持者，企业与消费者都是品牌意识形成的主要影响因素，两者的想法与理解可以直接影响品牌意识的树立结果。企业经营者如果错误地投资、发展品牌，可能会出现"竹篮打水一场空"的情况；消费者如果错误地选择品牌，可能会出现"艰深乍觉诗如谶，消散方知道是虚"的情况。

图 13-3

（1）企业经营者的错误认知

企业经营者是品牌建设的主动方，应该注重品牌的长期发展，不能被眼前的"小恩小惠"绊住脚步，既然下定决心建设自己的品牌，就要贯彻一往无前的方针。"品牌生命周期短，附加值少，对经济的贡献度低"，现任全球服务贸易联盟理事长姜增伟曾这样指出我国自主品牌的发展情况。企业经营者要不断地拓宽视野，对经济市场产生高价值的品牌才能够获得长久的发展，如果可以长时间屹立不倒，企业品牌的收益定然可观。

国内诸多企业的"学习能力"很强，众多的企业家可以经常发现新的商机，但是能够开发产品的企业经营者却不是很多，效仿式的企业只能通过生产产品来使市场饱和，很难建设品牌来增长市场经济。企业生产什么样的产品、是否建设品牌，都取决于企业经营者的投机导向，由于缺少创造机会的毅力与想法，很多企业只能"盛极一时"，没有特色的企业品牌，在代替老品牌后同样也会被新品牌替代。

前几年共享单车、共享电动车因绿色出行的理念而产生，当时，城市各个角落几乎遍布各种品牌的共享单车，但是经过一段时间的发展，很多品牌渐渐淡出视野，留存至今的品牌寥寥无几。盲目地跟风建设品牌、生产产品，或许可以为企业带来短期的收益，但对于企业经营者来说肯定不是最终的目的，所以单一的学习与效仿并不可取，速成式的产品与品牌很难长久生存，企业经营者应该将目光放得长远，静下心来选品和发展品牌。

（2）消费者的错误认知

消费者在购买产品的时候通常喜欢"货比三家"，在选择质量的同时也会受品牌宣传所影响，很多人认可"一分价钱一分货"的说法，但也会被一些不良品牌的"福利项目"所吸引。当大部分的消费者被这些"小恩小惠"所吸引，产品质量得不到保障的不良品牌就会对消费者和优良品牌带来不小的冲击，一方面消费者的消费体验不佳，另一方面优良品牌也会因为业绩不佳而无法发展。由此可见，消费者对品牌的认知程度对企业品牌意识的形成有很大影响。

3.错误的品牌意识认知

品牌意识常常被理解为品牌的知名度，这样的认知在经济市场内几乎正确，但是品牌的知名度应该是企业自己品牌的知名度，而不是"借来的"其他品牌的知名度。很多企业经营者认为产品销售量的提高既然受品牌知名度影响，那么就可以使用知名度高的品牌来扶持产品，却并不尊重知名品牌的努力与付出，直接盗用品牌。

近些年来，假冒伪劣产品数量颇多，主要原因就是很多企业为了提高销售量，擅自给产品打上知名品牌的烙印，但是却不能保证产品的质量。假冒伪劣产品的出现对于生产企业、知名品牌与消费者三方来说都是不利的：对生产企业来说，盗用知名品牌增加销量或许可以在短期内获得不小的收益，但是随着时间的推移，不良影响会扩散，这些企业经营的寿命会大大缩减；对知名品牌来说，企业兢兢业业、勤勤恳恳建设的品牌、积攒的知名度，会因为被盗用而影响口碑，而挽回口碑却是一件非常漫长且艰难的事情；对于消费者来说，认准品牌是相信产品的质量，但是购买到假冒伪劣产品后，会给自身带来很不好的体验感。

4. 不健全的运营法律机制

品牌发展节奏千变万化，目前还没有完全适用于所有品牌的法律制度，这导致很多企业品牌之间存在着恶性竞争。为了获得更大的利益，不少品牌会不择手段，"后来者居上""鸠占鹊巢""挂羊头卖狗肉"等情况时有发生。这些无视品牌意识的行为频繁出现，大多是因为缺乏健全的法律机制来规范品牌运营。

二、形成品牌意识可以选择的策略

俗话说："办法总比困难多。"大多数品牌会因为诸多的困难无法树立良好的品牌意识，但有人落后，就有人顶着艰难前行，所以总会有少数的品牌克服困难，在不断的努力与尝试中成功树立品牌意识。品牌意识的树立不是一朝一夕就可以达成的，成功的企业品牌必须探索出合理的方式与策略，这些内容可供其他处于品牌意识建立阶段的企业采纳与汲取。

图 13-4

1. 提高企业经营者的思想高度

作为品牌建设方向的主导者，企业经营者必须承担起合理思考、正确选择的责任，不能被眼前的利益左右，也必须知晓没有质量单靠宣传是无法立足的。很多企业家错误地认为做品牌、做企业就应该"利益至上"，而"顾客至上"仅指服务态度，为顾客服务时，态度好就可以了。其实不然，"顾客至上"也应该作为"利益至上"的前提被考虑到位。企业经营者不能一味地追求利益而忘记品牌产品存在的基础。产品是为了满足客户的需求而诞生，其次才是作为盈利的手段出现，如果没有消费者愿意为产品买单，宣传力度再好的品牌都会寸步难行。甚至有很多企业为了获得暴利选择侵犯消费者的权益，不在乎消费者的体验，这样的企业终究会在消费者的排斥下势头消退，直至不知所终。总的来说，企业将品牌建设与品牌意识作为提高业绩的手段固然可行，但是一定要重视产品的质量，因为消费者满意的品牌才有可能长久地生存并发展下去。

三鹿奶粉集团自1956年成立至2006年间，一直被认证为发展前列的企业，受到很多新生儿家庭的认可与支持。大家都相信三鹿奶粉的质量，将它作为首选。"做大做强"是三鹿集团的发展目标，在追求目标的过程中，企业经营者逐渐为利益所蒙蔽，由此出现了"毒奶粉"事件。经数据显示，截至2008年11月27日，全国因三鹿奶粉质量问题导致泌尿系统出现异常的患儿共29.4万人。经此一事，三鹿奶粉集团受到了严重的处罚，但是事件的影响并没有因此结束，被"毒奶粉"伤害的儿童所受的损伤无法挽回。三鹿奶粉集团的经营者因为自身思想高度不够，不仅导致企业破败，还给消费者造成了不可逆的伤害。

2. 提高企业品牌的知名度

品牌意识的树立是品牌所属企业的任务，却也离不开消费者的认可与支持，形成品牌意识需要依靠品牌不断提高的知名度。品牌首先要做的是保证产品的质量，在此前提下，大力地宣传品牌的优势能够加快消费者接受品牌的速度。消费者从认识产品到了解品牌有一个过程，品牌的宣传力度影响着时间的长短。

想要树立品牌意识，就需要努力提高品牌的知名度，大力宣传品牌是重要任务，而宣传力度、宣传方式都是动态因素。品牌的宣传力度要适当，过度营销不仅会增加成本，还容易引起消费者的反感。品牌的宣传方式要合理，胡乱选择宣传方式不但会模糊品牌的形象，还可能使品牌宣传陷入进退两难的境地。

现如今，很多品牌选择的宣传方式是广告营销，这很讲究广告投放的时间及地点，它的目的是让消费者在自然的状态下了解品牌、记住品牌并认可品牌。在宣传工作落实前，企业需要制定完整的宣传方案。很多时候，消费者群体高度重合的品牌会因为宣传计划不同而收获不同的结果，所以有宣传意识很重要，如何正确宣传更重要。

A、B、C是三家零食生产企业，由于成立时间与企业规模都相差不大，所以三家企业进入品牌建设阶段的时间也相近，经常会被作为对比案例来分析。在品牌宣传上，三家企业的大致选择与行动如下。

A企业主张"话从口出、从耳入"的方法，所以选择通过广播的形式宣传品牌。在许多可以投放广播的地点，该企业都投放了宣传广播，但是因为地点有限，且很多消费者不大注意，导致该企业的宣传效果没有达到预期。

B企业则选择了最热门的宣传方式——广告宣传。因为广告制作完毕后正好赶上电视剧热播，所以该企业选择在各个视频软件上投放广告，在电视剧上、下集的间隙插播广告。同时，为了把握宣传的热度，该企业邀请热播剧的主演作为代言人。一段时间后，企业品牌的知名度直线上涨，企业的销售业绩明显提高。

C企业也选择了广告宣传的方式，该企业不仅选择在电视剧上、下集之间穿插广告，甚至还在每集中段插入了会员专属广告，由于会员专属广告本身就不被观众接受，所以该品牌的宣传有些过度，导致消费者倍感不适，也影响了品牌产品的销售。

经过对三家企业的宣传计划的比较，可以发现B企业的宣传方式与宣传力度是适中的，在提高品牌知名度的同时也吸引了不少消费者。分析A企业，其宣传方式并不合适，快节奏的时代，生产快消品的企业理应选择宣传范围更广的方式；分析C企业，其宣传力度并不合理，知名度的提升要循序渐进，不可能"一口吃成一个胖子"。

3.提高品牌定位精准度

品牌意识的崛起主要是因为企业对品牌有了更加深刻的认识，产品的生产是为了满足客户的基本需求，但是在产品数量饱和的情况下，品牌的作用就变得明显起来了。企业需要提高品牌定位的精准度，不断创新产品的特性，在满足消费者基本需求的同时丰富产品功能，这些都属于品牌的特色。企业做到精准品牌定位后，还需要合理地使用品牌、保护品牌，一方面要维护品牌的专有性，另一方面要放大品牌的优势特色，从而树立起较强的品牌意识。

4. 合理借势法律机制与政策

无论是企业经营者，还是品牌消费者，两者都属于品牌意识树立的内部影响因素，而外界因素也不断地影响着品牌意识的树立。其中，法律机制与政策便是主要原因。在法律制度全面、政策手段强硬的今天，仍然存在"制假造假""以假乱真"等诸多不良现象，所以品牌的正常发展还是需要依靠法律机制的不断健全。《反不正当竞争法》《商标法》等法律法规都大力保护了品牌的专有权，在一定程度上推动了品牌的正向发展。公平、公正的品牌运营环境是现阶段很多企业所渴望的，由于政府的管理更加权威，所以更能得到消费者的认同，对优势品牌的生存与发展有百利而无一害。

第三节 提升品牌意识的方式

经济市场内的竞争愈发激烈，突破难关的方式多种多样，可以增加自身竞争优势的策略没有固定形式，只要有实际效果都可以采用，建设高知名度的品牌是很多企业热衷使用的方式。在信息传递快速的时代，提高知名度是大势所趋，那么如何高效地提高知名度便成为众多企业急需思考的问题。提高知名度、获得消费者认可是品牌发展的制胜关键，很多品牌设计者归纳出的提升品牌意识的方式主要包括树立品牌形象、加强品牌推广、提高品牌信誉、重视产品质量、合理宣传品牌、看重用户体验和开展企业合作。

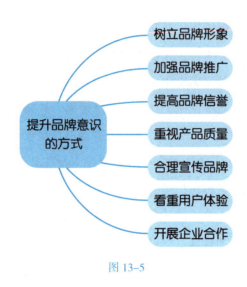

图 13-5

一、树立品牌形象

品牌的形象是品牌给予消费者的最初印象,主要涵盖了企业文化、企业名称、企业目标等内容,是品牌建设的核心。树立独一无二的品牌形象,是一个企业向品牌发展道路迈进的第一步,只有做好了基础工作,才能有力量继续后面的工作,所以树立品牌形象是很关键的一步。

二、加强品牌推广

在确定品牌形象后,企业就需要大力地推广自己的品牌。那么如何推广品牌是需要考虑的问题。推广的方式有很多,例如视频广告、平面广告等。常见的推广方式是"借热度",即企业选择在热门节目与活动中进行推广,利用节目的热度带动品牌知名度。经常被忽略的一个推广方式是公益与赞助，因为做公益、搞赞助都是正面的行为，能够引导正向的价值观，可以帮助品牌在消费者心中留下良好的形象。

三、提高品牌信誉

品牌信誉是指消费者群体对品牌产品的认可程度与信任程度，是企业提高品牌意识的重要影响因素。能够得到消费者高度信任的品牌，更容易获得稳定的客源，也可以吸引潜在客户的注意，并将新客户顺利地转化为老客户。想要维持并提高品牌信誉，企业需要重视客户不断变化的需求，根据客户的需求不断更新、优化产品服务。另外，竞争者的快速提高对品牌来说也是一大威胁，所以企业需要不断提高在行业内的口碑，保持企业的美誉度。

四、重视产品质量

产品的质量是一个非常重要的方面，消费者需求的改变就预示着品牌的产品质量需要不断提高，质量获得认可的品牌更容易提高知名度。企业在生产产品、提供服务的过程中应该以消费者为中心，及时了解消费者的需求并根据消费者意见进行整改，提高产品质量的同时维持客户忠诚度。优质的产品质量可以获得不错的口碑，可以作为最有利的宣传媒介，得到更多消费者的青睐，从而为企业品牌带来更高的收益。

五、合理宣传品牌

仅仅依靠现有的产品口碑、服务质量，企业大多只能小幅度地提升品牌知名度，想要快速有效地进入更多消费者的视野，企业还需要采取合理的方式宣传品牌。传统的线下宣传方式已经跟不上经济发展的速度，社交媒体已然成为最热门的宣传渠道，可以为品牌提高知名度提供足够发挥的舞台。线下宣传方式单独使用的效果可能不好，但是如果和社交媒体搭配，就可以产生不小的"化学反应"，既加大了品牌宣传力度，又提高了品牌对消费者的亲切度。

六、看重用户体验

吸引消费者是提高品牌知名度的目的所在，但是维持原有客户也是企业需要重视的内容，优化用户体验是维持客户忠诚度的有效措施。对于品牌的稳定客户，企业应该有较为详细的了解，根据所掌握的信息进行仔细的分析，并针对客户提供不同风格的服务，让消费者感受到企业对自己的重视。企业可以通过优化产品质量、提高服务态度等方式为消费者带来更好的消费体验。

七、开展企业合作

"独木难支"的道理在市场环境中是一个很现实的问题，任何一家企业，无论规模大小、底蕴深浅，都不可能独立于行业而存在，所以企业之间的合作是一件互利的事情。产品与产品之间是有关联性的，企业想要提升品牌意识，可以选择与相关联的企业加强合作，通过强强联手，有效提高品牌的知名度。例如，很多饰品企业会与服装企业合作，而家具企业会与室内设计企业合作等，这些企业互为合作企业的宣传方。

第十四章　品牌保护与案例分析

　　随着品牌价值被越来越多企业所认知，品牌作为一种无形的资产，是很多企业不断提高业绩水平、加快发展脚步的关键。企业建设的品牌代表着企业的文化内涵和形象等，象征着一个企业强劲的软实力。品牌为企业带来利益的同时，也容易引起心思不纯之人的觊觎，出现冒用他人品牌为自身牟利的情况。此时就需要加强品牌保护意识，使得发展品牌的企业有所依靠，能够在增加竞争力的同时维持市场的正向竞争。

第一节　品牌保护的意义

　　一提起品牌保护，很容易联想到使用权利与商标专利，保护品牌就是为了保护品牌的专属度，保证品牌不成为"烂大街"的标志。品牌保护是指在合理合法的范围内，企业所建设的品牌，如果没有经过企业的同意，其他任何群体或个人均不得冠名使用。在品牌保护的过程中，企业能够逐渐意识其重要作用，没有结果的事情是白费功夫，保护品牌不是一句空话，而是对企业与品牌高度负责的行为。企业加强品牌保护的意义主要包括维持品牌活力、巩固品牌地位、应对品牌危机、加强品牌竞争和提高品牌信任。

图 14-1

一、有利于维持品牌活力

　　企业保护品牌，使得品牌产品能够不断地满足消费者逐渐变化的需求，随着消费者需求变化而改进的品牌，其活力一定是异常明显的。发展中的品牌就如同形式各异的溪流，有些溪流不停奔腾，以活力四射的姿态汇入大海；有些溪流缓慢盘旋，最终成为河沟中的一潭死水。品牌的生存需要有更多的活力注入，保护品牌才能够使品牌活力不断地、充分地提升，使得品牌一直处于新颖自强的境地。

二、有利于巩固品牌地位

品牌的市场地位主要受知名度和美誉度影响，越是知名的品牌越能够获得消费者的认可，在市场内的份额占比也会越来越高。保护品牌不仅仅保护品牌的使用权利，更维持着品牌的市场地位，对品牌有"占有欲"的企业，才是最先发现其中奥秘的一方，保护品牌在一定程度上可以认为是保护企业的业绩。品牌的市场地位越高，它面向的领域就越多，保护品牌也可以保护企业的利益，这是一箭双雕的好事。

三、有利于应对品牌危机

如何发展品牌、壮大品牌是很多企业面对的显性危机，可以通过制定相应的策略与方针逐步解决。而企业品牌面临的危机不只有显性危机，还包括许多潜在的隐性危机。在企业发展、品牌运营的过程中，内部的资源、外界的变化都有可能成为制约品牌正常发展的因素。企业在采取行动保护品牌的同时，也要对过去的工作和未来的工作做好归纳和预判，这样更容易提前预知将要出现的危机，"早发现，早解决"是最好的避险方式，所以在维护品牌的过程中做出的所有努力都可以为应对危机打下基础。

四、有利于加强品牌竞争

在大的市场环境中，品牌的影响力与知名度是影响品牌价值的重要因素，企业不断为保护品牌做出努力，就可以逐渐增加品牌的竞争力，使它在市场内占据有利的地位。除此之外，当一个品牌的市场地位已经稳固，不能被轻易撼动时，就证明有大量的消费者对它保持着高度的信任，面对虚假伪劣产品，消费者能够轻易辨别，有利于品牌维持较高的美誉度。

五、有利于提高品牌信任

企业保护品牌，需要采取实际行动，优化服务和提高质量是最基本的做法，也是直接造福消费者的行为。对消费者来说，能够满足自身需求且获得良好的服务，就是好的消费体验。有了好的消费体验他们就愿意成为品牌的老顾客。比起新客户带来的活力，老客户的高度信任才是品牌不断发展的动力，如果没有老客户一直以来的支持，品牌可能都没有走进新客户视野的机会。

第二节　品牌保护的方法

拥有品牌的企业往往比没有品牌的企业更具竞争力，可以说品牌是提高企业市场竞争力的高价值因素。作为企业所拥有的高价值资本，品牌的存在有巨大的意义，然而，仅仅建设品牌是不够的，品牌的保护同样至关重要。避免品牌被盗用或随意改动，一方面可以维护企业的利益，另一方面能够保持市场竞争的良好风气。保护品牌的方式有很多种，企业可以根据自身意向进行选择，一般有注册品牌商标、制定品牌协议、加强品牌管理、设置监管措施和处理侵权事件。

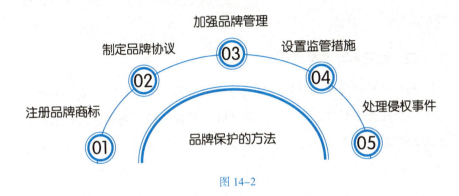

图 14-2

一、注册品牌商标

并不是所有商标都受法律保护，商标分为注册商标和未注册商标，品牌在政府有关部门依法注册后，被称为"注册商标"，会受到相关部门与法律条例的保护。未注册商标通常不受法律保护，所以说注册品牌商标可以有效地保护品牌。注册商标需要认真对待，在注册前的所有准备工作都要认真严谨，不能出现任何纰漏，同时，还应该选择与品牌内涵相关的标志，保证所注册的商标具有明显的特征，从而维持品牌的独特性和可识别性。

二、制定品牌协议

制定协议并不限于人与人、企业与企业或者人与企业，同样适用于品牌的保护。品牌协议是一项标准的法律文件，明确了品牌的所有权与使用权。企业制定属于品牌的专门协议，可以将品牌保护的行动与措施落到实处，这不仅保护了企业对品牌的所有权，也限制了品牌的使用权。所有权是指品牌属于企业，企业具有支配品牌相关事项的一切权利，其他任何想要随意支配品牌的机构都不具有资格；使用权是指企业可以规定品牌能够被哪些机构或组织使用，如果不经过企业的允许擅自使用品牌，会受到协议内容中规定的处罚。

三、加强品牌管理

企业需要明确建设品牌的目的，品牌不是一个空名，而是一个能够长期为企业带来利益的工具，所以品牌建设成功后，企业还需要重视对品牌的管理。企业应该考虑到与品牌相关的方方面面，包括如何使用品牌、如何营销品牌、如何宣传品牌等，充分维持品牌的长期作用。加强对品牌的管理，企业能够掌握任何阶段品牌的详细发展情况，能够及时调整策略，达到保护品牌、提高品牌知名度的效果。

四、设置监管措施

品牌作为企业的所有物，企业自身使用可以获利，而授予其他组织或机构使用也是一种获利方式，同时还可以扩展品牌的销售领域，提高品牌的知名度。保护品牌的信誉也是十分重要的任务。企业授予其他组织品牌使用权的同时，应该同步设置专门的监管政策，以确保品牌使用的场所、方式等各方面的正确性。另外，品牌的监管措施也应该涉及品牌商标的使用情况，针对不经过允许使用品牌的组织或者机构应该采取"及时发现，及时处理"的措施。

五、处理侵权事件

"你的禁地，是他的坦途；你所敬畏的，是他无所谓的。"无论有多少企业尊重品牌的所属权利，总有人漠视他人的付出，为了个人利益侵犯他人的利益。企业增强品牌保护意识是一回事，但有人钻空子侵犯品牌权益是另一回事，有时候，不管企业对品牌保护下多大功夫，总有人会铤而走险。当自己的品牌权益遭到侵犯时，企业应该及时采取行动，积极寻求法律的保护。

第三节　品牌纠纷的解决

品牌是能够为企业带来长久利益的宝贵资产，它不仅仅是企业的形象代表，更是获得消费者认可的产品的象征。当品牌面临纠纷时，无论结果如何都会对品牌造成一定的影响，为了避免负面影响加深，企业应该积极采取措施遏制品牌纠纷。谈起品牌纠纷，大部分人第一时间想到就是品牌侵权的问题，当品牌权益被侵害时，企业应该在第一时间制定解决方案，将负面影响及时遏制。

一、品牌纠纷的解决方法

品牌纠纷存在于品牌所属者与品牌权益侵犯者之间，根据处理办法的严格程度可以将其分为三个层次，依次为私下解决、工商协调和法律诉讼。

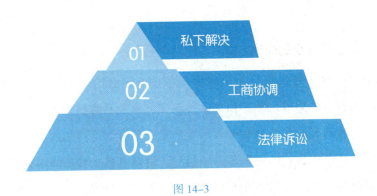

01 私下解决

02 工商协调

03 法律诉讼

图 14-3

1. 私下解决

当自己的品牌被侵权后，企业首先可以尝试联系侵权方，在损失较小且可以挽回的情况下，如果对方态度配合，则可以选择私下解决。为了让侵权方了解侵权行为的错误，企业可以向对方指出问题的严重性，让对方意识到自身错误并承担责任。私下解决的负面影响较小，且处理时间较短，能够在减少损失的前提下合理地解决品牌纠纷问题。

2.工商协调

私下解决往往是品牌纠纷问题的第一顺位选择，但是企业也需要做好协商无果的准备。如果出现私下无法解决的问题，企业可以选择向工商部门投诉。工商部门有监督管理市场交易行为的责任与义务，品牌侵权行为严重影响公平的市场交易，所以在收到企业的投诉后，工商部门会及时采取行动制约侵权单位并处理品牌纠纷问题。

3.法律诉讼

私下解决是企业的自发行为，工商督办是较为柔和的处理办法，如果这两种处理方式都不能遏制侵权行为，企业就可以选择采取较为强硬的手段来处理。那就是对侵权行为提出法律诉讼，采取法律的手段保护品牌，由法院作出公正的裁决，让侵权且不知悔改的人受到应有的惩罚。

二、品牌侵权的处理方式

品牌权益受到侵犯，无论程度如何，一定会给企业带来不好的影响，轻则收益被分成，重则损害品牌名声。企业品牌被他人冒用后，本该属于品牌的利润收益就会被冒用者分走一部分，这样的损失存在于经济层面。当企业品牌被他人恶意使用后，消费者感觉到体验不好时就会曲解品牌，这对品牌的名誉有很大影响，挽回的难度也会很大。面对或轻或重的损失情况，企业在发现品牌被侵权后，就需要对方加以赔偿，常见的处理方式主要有赔偿经济损失、追回非法利润、公开挽回名誉和暂停侵权行为。

图 14-4

1. 赔偿经济损失

企业确定对方对自己的品牌产生侵权行为后，可以采用相应的手段向侵权方索要赔偿。他人在盗用品牌商标的过程中，会对企业利益造成不同程度的损害，企业有权利要求侵权方赔偿经济损失。

2. 追回非法利润

侵权方之所以选择不正当手段盗用品牌，其目的是获得更多利益，而不经过同意擅自使用品牌标识所获的利润都属于非法所得，品牌所属方有权利要求侵权方返还所有利润。

3. 公开挽回名誉

作为被侵害权益的一方，因品牌被盗用为自身带来不必要的麻烦，企业有权利要求对方进行公开道歉，一方面是对侵害方的警告，另一方面可以挽回品牌的名誉。

近期有三位刚刚步入社会的辍学者，因为个人年龄不大，社会经验不足，他们为了在短期内获得暴利，选择购入一个保健品品牌的包装和一些普通的奶片，以奶片代替钙片销售。在短短一个月内，三人累积收入超过五万元。某次，一位老人的子女发现了钙片的端倪，将品牌方投诉至工商部门，工商部门经过详细的调查发现了三位年轻人的做法。由于品牌方被投诉后，不少媒体关注到此事并进行了报道，品牌名誉受到影响。因为想到三位年轻人涉世不深，品牌方决定不予追究，但要求对方公开道歉。品牌方的处理方式非常合理，没有追责三位年轻人让消费者看到了品牌方的善意，公开道歉的形式也洗清了品牌的污名。

4. 暂停侵权行为

追究责任、要求赔偿、公开道歉等行为都属于事件后的行为，当品牌方发现被侵权后，第一时间要做的是要求对方停止一切行为。处理问题的第一步是给侵权行为按下暂停键，再进行后续的维权行为。此外，在处理完纠纷问题后，企业还需要要求对方做出承诺，不得再出现任何侵权行为。

第四节　倍轻松品牌策略

现如今，通过发展品牌获得成功的企业比比皆是，但是没有任何一个品牌是不付出努力就可以获得成功的，想要顺利发展品牌，企业就需要根据自身实际情况制定合理的方针。不同的品牌有不同的策略，企业想要实现品牌成功，可以先从学习成功品牌开始，下面我们会列举几个比较经典的成功品牌案例。

随着科技的不断进步与发展，电器种类越来越细化，企业在品牌定位前需要更加精准地定位市场。健康电器已然成为一个热门的需求品类，倍轻松品牌就是看准时机，不断加强品牌策划，使品牌更快速地占据有利市场地位。分析倍轻松品牌成功的经历，可以总结出三个方面的要点，分别是精准定位健康电器领域、严格策划品牌传播方式和认真树立品牌良好形象。

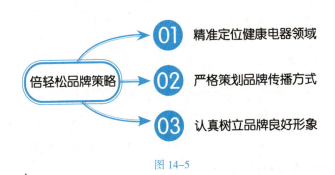

图 14-5

一、精准定位健康电器领域

倍轻松品牌的发展目标一直围绕品牌创立的初心展开，即始终致力于健康电器领域，不断更新产品功能，旨在满足消费者不断变化的需求。在明确目标市场后，倍轻松品牌持续关注消费者的需求变化，不断地为他们提供多样化、个性化的服务，从而巩固品牌的市场地位。

二、严格策划品牌传播方式

倍轻松品牌在宣传方式与渠道上可谓是全面开花，利用多种方式全面地传播品牌特色，采用多种渠道加强品牌推广工作，促使品牌的知名度与认同度直线上升。

在传播方式方面，倍轻松品牌利用"明星效应"，采用了体育营销和亮相综艺宣传等多种方法。首先，倍轻松品牌聘请了高人气明星为自己代言，吸引了一大批消费者；其次，倍轻松品牌邀请运动员成为"体验官"，进一步推广品牌内容；最后，倍轻松品牌在一些公开的综艺节目中亮相，使得品牌营销范围不断扩张。

在传播渠道方面，倍轻松品牌采用多元化的渠道进行宣传与推广，稳定线下宣传工作的同时，不断加强线上宣传工作，不仅提高了品牌的知名度，还为消费者提供了更加便利的服务。

三、认真树立品牌良好形象

倍轻松品牌树立"缓解疲劳"的品牌形象，产品定位为保证消费者的健康与舒适状态，这使得品牌在消费者心中留下了良好的形象。同时，由于年轻人是很多新型产品的主要消费群体，所以倍轻松品牌还提出"碎片化养生"的理念，鼓励年轻的消费者群体合理利用碎片时间来养生，以维持身体健康、自然的状态。

第五节　拼多多品牌营销策略

处于科技迅速发展的互联网时代，电商行业成为许多商家发掘的新机遇，他们纷纷加入进来一展宏图。诸多电商平台中，在短期内实现飞速发展的企业当属拼多多，它让"团购"的概念深入到消费者的心中。拼多多为什么可以获得成功，成功的技巧有哪些，已成为其他电商平台致力研究的方向，下面从几个方面分析拼多多品牌营销成功的关键。

图 14-6

一、积累基础消费者

拼多多在平台内开发信息转发、关联推荐等功能，在品牌发展初期就快速积累了庞大的消费者群体。有关数据显示，同一时间内使用拼多多平台的人数远高于其他竞争平台，许多消费者秉持着"买不买都要看一看"的态度。现如今，拼多多已经拥有超过数亿的客户群体，这对平台的产品交易与品牌营销都提供了强有力的支持。

二、采取团购低价策略

拼多多的团购模式可以称得上是独家特色，尽管也有不少平台设置团购模式，但是拼多多明显做得更好。拼多多平台可以和商家深入合作，因为能够提供团体购买保证，所以商家愿意给予拼多多更低的采购价格。拼多多在商家与消费者中间充当交易媒介，一方面可以为商家提供数量庞大的客源，另一方面能够为消费者提供优惠的价格，这就是团购低价策略的作用。

三、融入社交功能

拼多多设有群聊分享、拼单邀请等社交功能，消费者可以选择在平台内与有共同需求的人员一同购买，也可以选择与相熟的亲朋好友拼单购买。消费者在进行社交互动的同时，既能够购买到自己的所需的产品，又可以丰富社交体验，还能够为商家增加知名度，从而提高拼多多的品牌曝光度。

四、吸收直播带货方式

直播带货是近几年非常火热的一种营销传播方式，为了增加平台的销量，拼多多积极引入电商直播模式，利用主播的热度实现销量提升。主播在介绍产品与商家信息的同时，也可以在线上保持与消费者的亲密互动，这在无形之中增加了消费者对平台的信任度，从而实现销售额的提升和客户忠诚度的增加。

五、供应链资金支持

为了维持平台的活力，拼多多一直致力于吸引更多的商家入驻平台，考虑到部分商家存在资金不足的情况，拼多多还开启了供应链资金支持。意向加入平台的商家如果受到资金限制，拼多多会为他们提供贷款、支付服务、物流配送等服务支持，帮助对方降低成本，方便商家的同时也维持了平台活力。

六、品牌活动策略

拼多多致力于为消费者提供足够的便利，平台通过开展诸多促销活动、丰富用户权益等措施，在消费者心中树立起良好的品牌形象。同样的产品，在拼多多平台往往可以以更低的价格购买，虽然单个产品商家的盈利会少一些，但是随着单数的增加，拼多多的收益会有明显提升，这就是以少聚多的作用。

第六节　雀巢品牌的主要战略

对于很多消费者来说，雀巢品牌几乎是家喻户晓的存在，这个品牌的产品种类诸多，被认为是全球最大的食品制造商。雀巢品牌建立至今已有150年，在全球设有500多家工厂，那么是什么样的战略促使雀巢品牌发展至今仍活力不减呢？

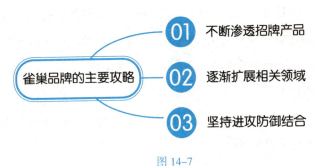

图 14-7

一、不断渗透招牌产品

众所周知，乳制品是雀巢品牌最早推出的产品，它因为乳制品进入消费者的视野，随后便一直很重视乳制品的发展。

19世纪60年代，雀巢品牌的创始人亨利·雀巢考虑到很多新生儿无法享用母乳，为此研发出一款奶粉代替母乳，其目标客户便是那些母乳缺乏的新生儿家庭。在初始阶段，奶粉的产量并不高，随着口碑的提升，越来越多的母亲发现了奶粉的作用，对它纷纷表示认可，自此雀巢品牌逐渐有了知名度。

在奶粉实现良好发展后，雀巢推出了炼乳，它使用方便、储存性好，成为军用品。当时处于19世纪末期，很多欧洲国家扩列军队，使得炼乳成为一个热门产品，它为雀巢带来了巨额收益。

随着战后需求的下降，雀巢的奶粉与炼乳销量受到影响，如果再单一地发展下去，后续亏损可能更加严重。于是，在保证奶粉市场不变的情况下，雀巢继续尝试推出巧克力、咖啡、即食食品等多品类产品，使得该品牌时至今日依旧拥有旺盛的生命力。

二、逐渐扩展相关领域

雀巢品牌在稳定原有市场的情况下，一直在向相邻领域拓展，意在通过扩大目标市场来提高品牌知名度，并以此获得更高的利益收成。在多年间，雀巢先后涉猎巧克力、咖啡、茶品、冰激凌和矿泉水等业务，通过收购企业、融合业务等方式不断提升品牌影响力。

1. 雀巢巧克力

1929年，雀巢企业收购了瑞士最大的巧克力公司，使得巧克力成为雀巢品牌旗下的重要组成部分。

2. 雀巢咖啡

1938年，雀巢企业的重要成员马克思·莫根特尔与其团队共同研发出可以进行冲泡即饮的咖啡产品，为雀巢品牌又增加了一大盈利产品。

3. 雀巢茶品

1949年，雀巢企业在美国推出了一款新的产品——冰爽茶，这是一种可溶茶品，生产方法与饮用方式与咖啡相似，在美国成为一大爆品。

4. 雀巢冰激凌

1960年，雀巢品牌了解到随着冰柜产品向家庭普及，冰激凌成为一个需求量很大的产品，于是他们选择收购相关的食品公司，进入冰激凌行业。

5. 雀巢矿泉水

1998年，赶上矿泉水发展势头猛烈的时候，雀巢品牌顺应趋势，收购意大利矿泉水企业，成功推出自己品牌的矿泉水，进一步提升了品牌曝光度。

三、坚持进攻防御结合

雀巢品牌将奶粉作为主要产品，在做大主要产品的同时，不断地向其他品类扩张，在食品行业的诸多品类中都有雀巢的身影。品牌盈利并没有满足雀巢的预期目标，坐享其成、停滞不前并不可取，雀巢在防御竞争的同时也不断发起进攻。因为有利润，所以雀巢品牌将已有资金更大程度地利用起来，选择投资更大的市场，比如花费71.5亿美元收购星巴克零售咖啡业务，获得在星巴克门店以外销售部分星巴克产品的永久性全球许可，这可谓是一次勇敢且正确的决策。

第七节　ZARA品牌的定位策略

ZARA是一家知名度很高的企业，其品牌定位理念是时尚与创新，在全球范围内都负有盛名。发展到今天，ZARA品牌已经占据强大的市场地位，这个品牌的成功离不开其明确清晰的品牌定位。

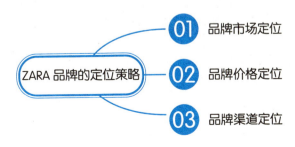

图 14-8

一、品牌市场定位

ZARA品牌的市场定位是"快时尚"，时尚与创新是品牌的定位理念，而"快"则成为吸引消费者的关键点。在服装市场内，时尚与创新的产品有很多，但如何先于竞争者的脚步就显得尤为重要。ZARA品牌之所以能够持续贯彻"快时尚"的理念，离不开其庞大的设计师团队，企业内部有很多年轻且专业的设计师，他们可以在同一时期内推出超出竞争者很大数量的新品。为了能够紧跟时尚，ZARA企业还支持自己的设计师参加诸多的时尚秀，旨在及时摄取创新设计和掌握潮流趋势。

二、品牌价格定位

因为ZARA的市场很大，在国际上是一个知名度很高的时尚品牌，所以其产品定价不仅仅将质量作为参考因素，不同市场区域的定价标准差异也是重要的参考因素。在服装设计完成后，ZARA企业会根据市场研究专家的建议为产品定价，并将价格换算为不同地区的货币额，产品运输到相应门店便可以直接上架销售。

三、品牌渠道定位

ZARA企业是全球唯一一个能够在15天内将已经生产的服装运输到全球多家店铺的公司，这得益于它拥有自己的工厂，能够自产自销。比起竞争品牌企业的渠道选择，ZARA更加简单直接，它拥有属于自己的各环节渠道，因为有工厂、运输、门店，所以可以实现生产、配送和销售无障碍一条龙，使得其"快"理念得到深入的贯彻。

后　记

　　很多人认为品牌仅仅只是一个标志，然而并非如此，标志只不过是品牌的外显形式，品牌真正的作用是维持消费者的长期信任。定位决定成败，模式决定速度，品牌决定生命。一个企业能否有长久发展的勇气与动力，很大程度上取决于它是否拥有成功的品牌。

　　品牌是附着在产品上无法磨灭的烙印，消费者购买的是产品，但企业销售的不只是产品，还包括无形的品牌。随着营销成功的品牌增多，越来越多的企业意识到建设与发展品牌的重要性。有企业家指出："产品能够为企业带来短期优势，品牌能够保持企业的长期优势。"制造产品是企业盈利的第一步，是后续一切工作的基础，想要利用产品获得高额利润是很难的任务，同类产品的溢出限制了产品的盈利价值。建设品牌成为促进产品获利的良好途径，企业如果能够合理利用品牌的作用，就可以较为容易地实现利润提升。

　　在肯定品牌作用的同时，企业也深知品牌建设的不易，它并不是设计一个图案印在产品之上，而是需要周到缜密地兼顾品牌建设与发展的全过程。本书从多个角度论述品牌形成的过程，旨在向读者展示完整全面的品牌建设过程。无论是品牌形象的设计，还是品牌盈利的方式，抑或是品牌营销的策略，这些都是品牌获得成功需要格外注意的内容。